AF525341

Dana Fox

DAS GROSSE AQUARELL-PRAXISBUCH

Waldtiere

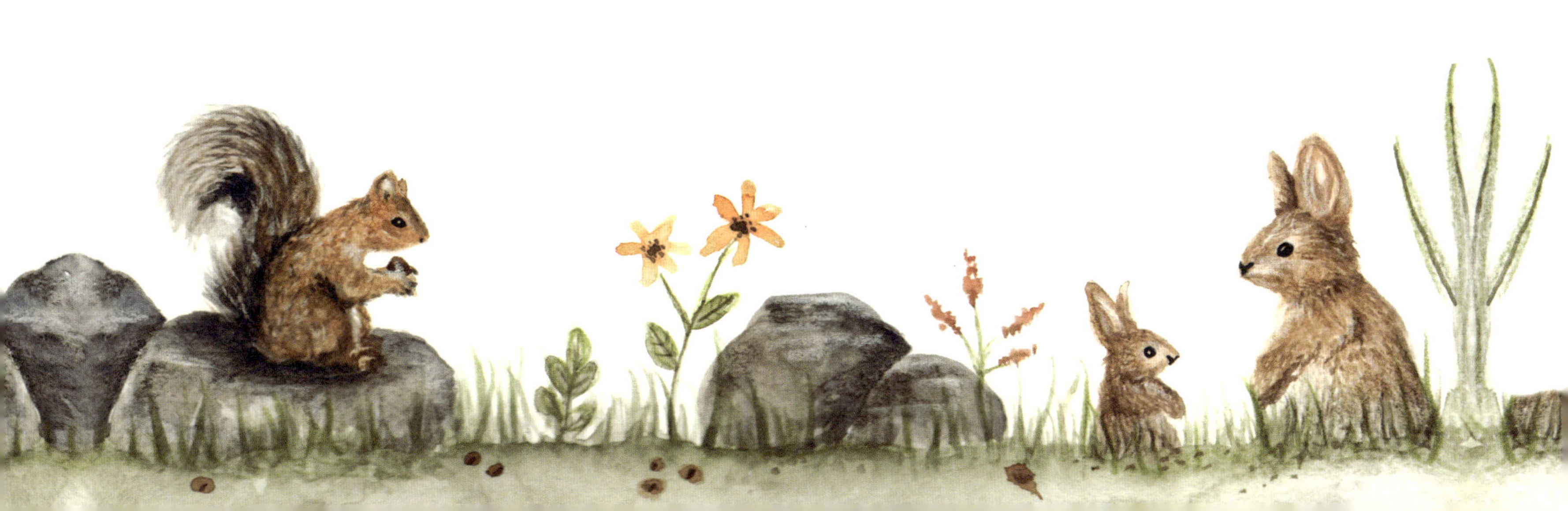

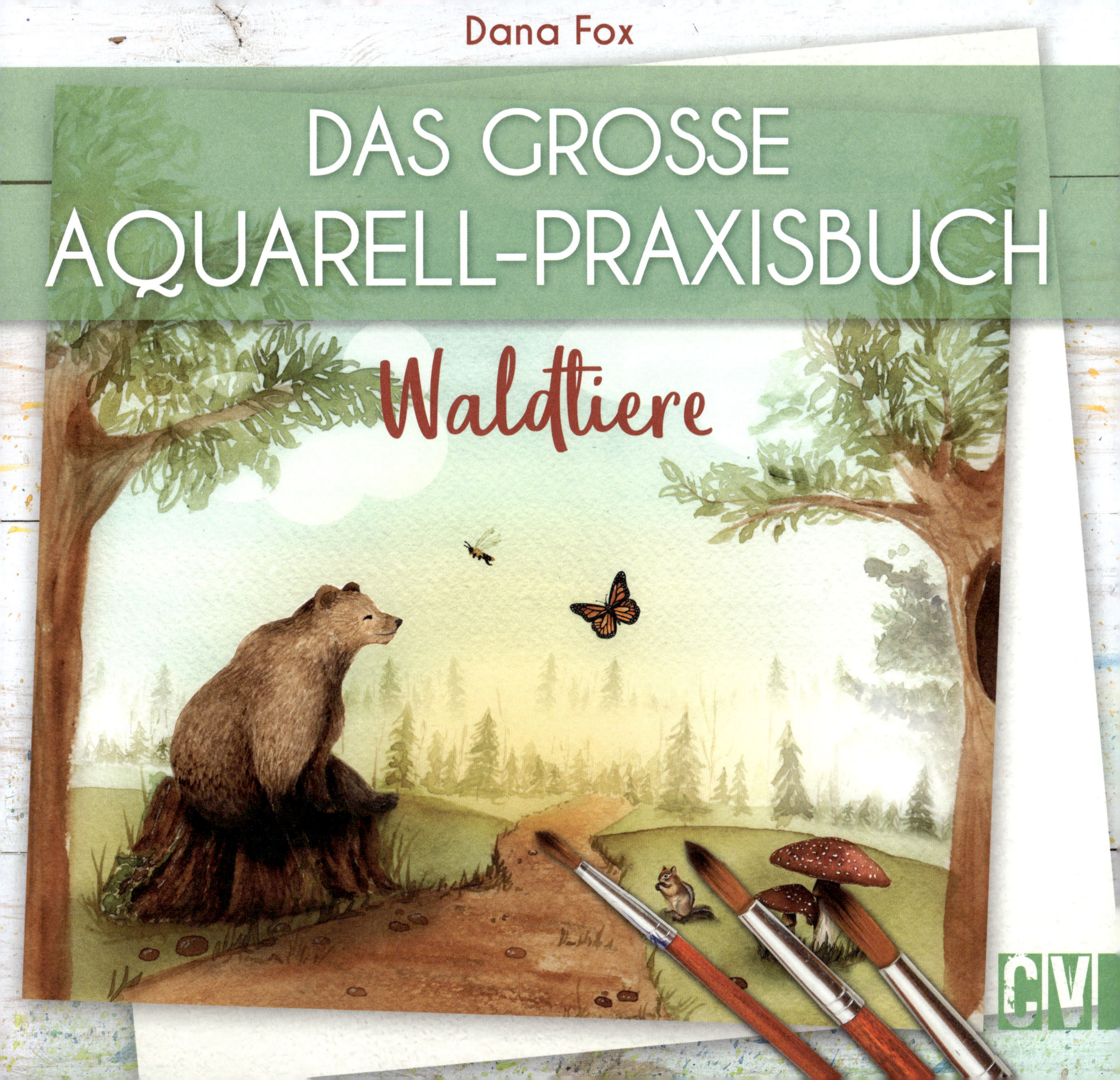
Dana Fox
DAS GROSSE
AQUARELL-PRAXISBUCH
Waldtiere
CV

Impressum

Originalausgabe erschienen bei:

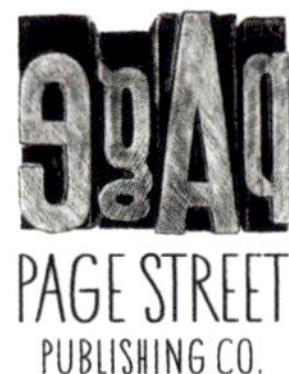

Page Street Publishing Co., 27 Congress Street, Suite 105 Salem, MA 01970, www.pagestreetpublishing.com

Cover and book design by Dana Fox

Für die deutsche Ausgabe:
Produktmanagement: Maria Möllenkamp
Übersetzung: Sabine Krämer-Uhl
Umschlaggestaltung: Leeloo Molnár
Satz: Helen Garner, Art und Weise, München
Repro: LUDWIG:media, Zell am See
Herstellung: Bettina Schippel, Stephanie Schlemmer
Printed in Italy by Legoprint S. p. A.

Sind Sie mit diesem Titel zufrieden? Dann würden wir uns über Ihre Weiterempfehlung freuen. Erzählen Sie es im Freundeskreis, berichten Sie Ihrem Buchhändler oder bewerten Sie bei Onlinekauf. Und wenn Sie Kritik, Korrekturen, Aktualisierungen haben, freuen wir uns über Ihre Nachricht an: Christian Verlag, Postfach 40 02 09, D-80702 München oder per E-Mail an lektorat@verlagshaus.de.

Unser komplettes Programm finden Sie unter 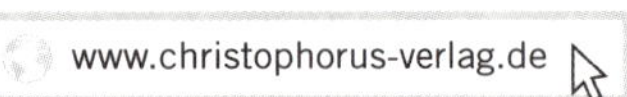

Die Deutsche Nationalbibliothek verzeichnet diese Publikation in der Deutschen Nationalbibliografie; detaillierte bibliografische Daten sind im Internet über http://dnb.d-nb.de abrufbar.

ISBN 978-3-8388-3732-1

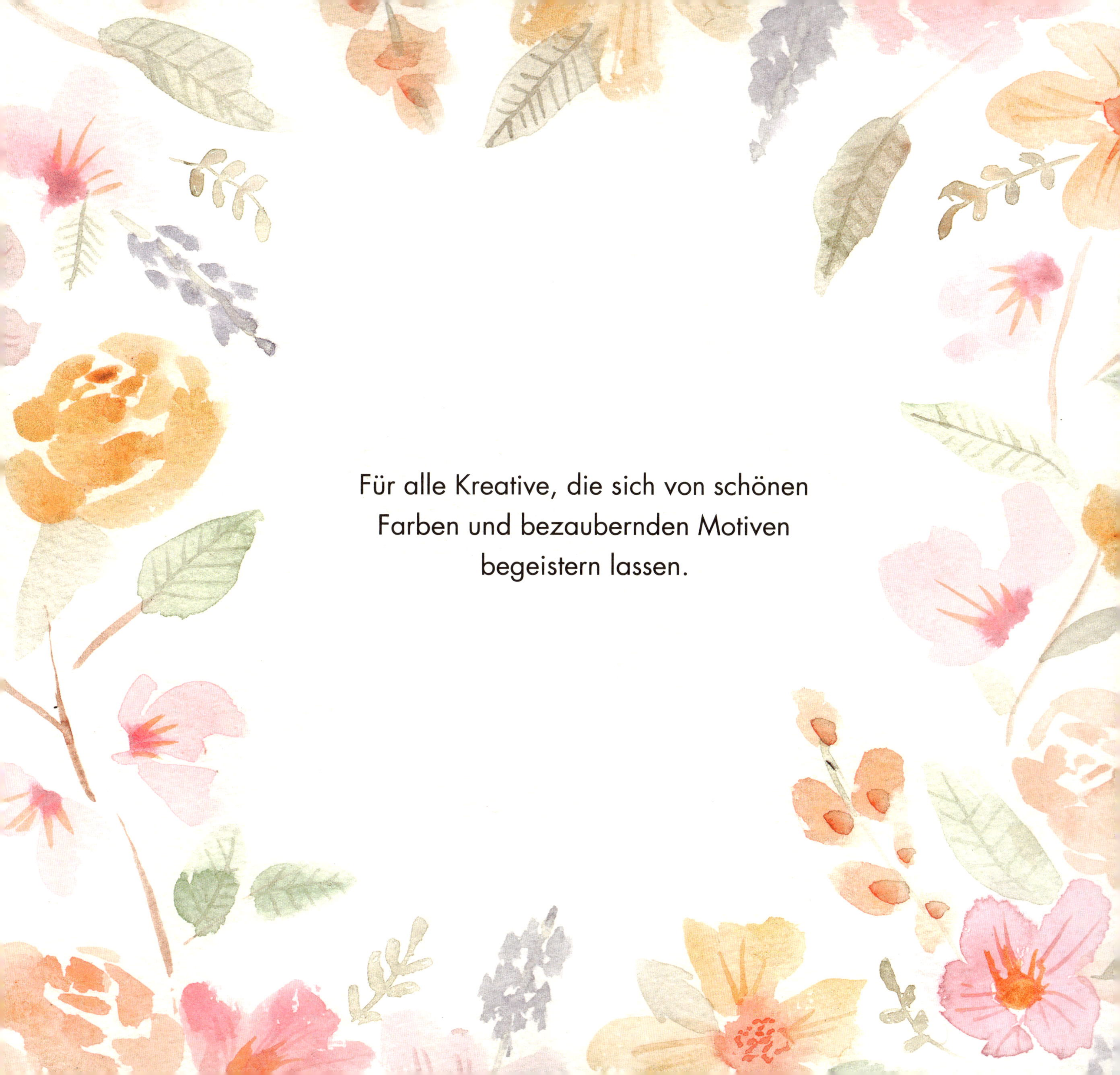

Für alle Kreative, die sich von schönen
Farben und bezaubernden Motiven
begeistern lassen.

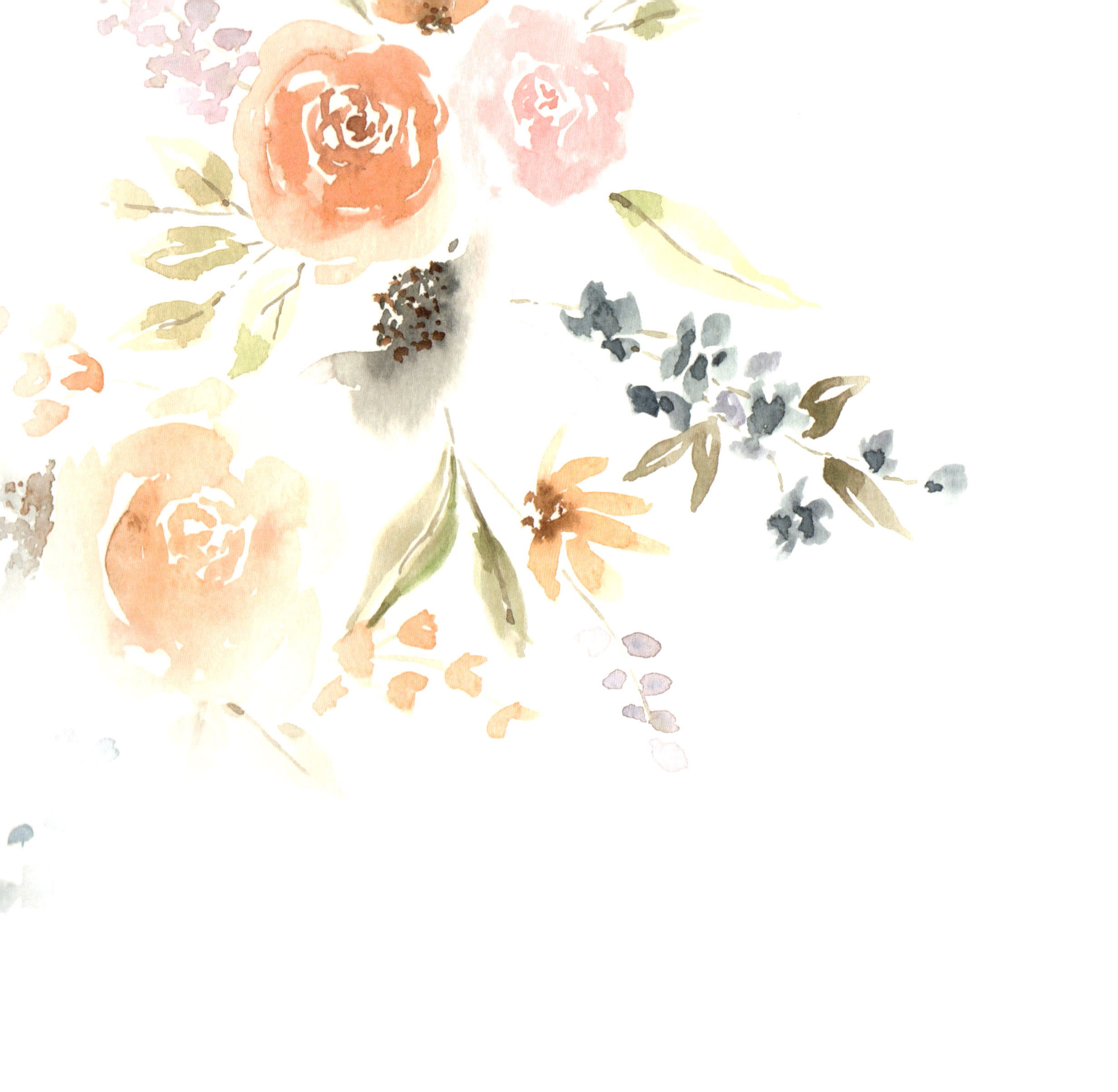

Projekte

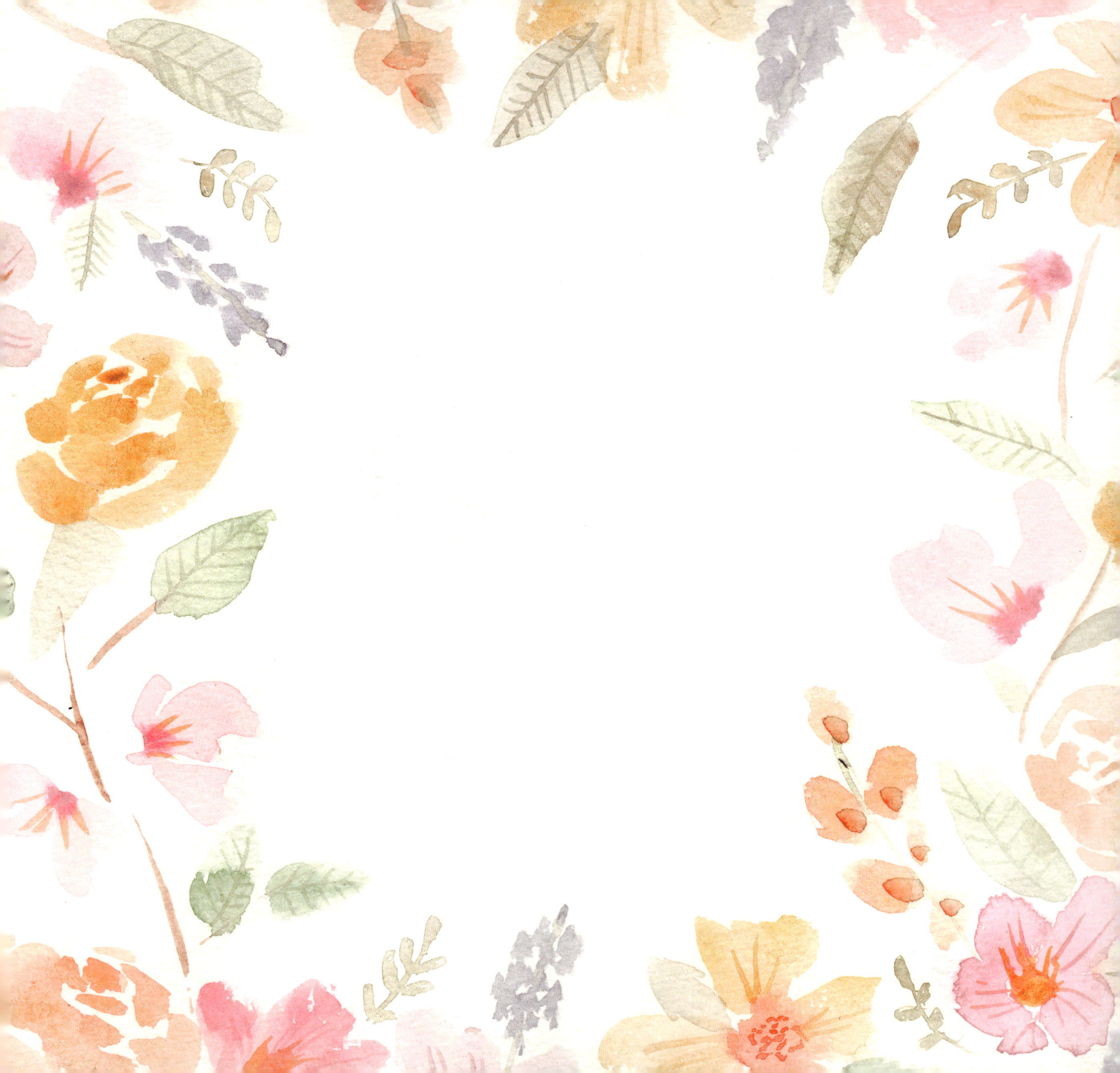

EINLEITUNG

Dieses große Aquarell-Praxisbuch mit zauberhaften Waldtieren ermöglicht es Ihnen beeindruckende Aquarell-Kunstwerke zu malen. Gerade auch Anfänger erhalten hilfreiche Tipps. Dabei bleibt genug Spielraum, um der eigenen Kreativität freien Lauf zu lassen.

Schritt für Schritt wird genau erklärt, wie die einzelnen Bildmotive entstehen. Jeweils auf der linken Buchseite finden Sie eine Skizze des Motivs, auf der rechten Seite stehen alle nötigen Informationen von den Materialien über die Farben bis zu den Anleitungen sowie nützliche Tipps, die zur Vervollständigung des Motivs hilfreich sind.
Das Papier in diesem Buch ist hochwertiges Aquarellpapier, sodass sie direkt ins Buch hineinmalen können.

Die einzelnen Projekte sind anhand der unterschiedlichen Aquarell-Techniken in vier Hauptabschnitte unterteilt:

- Dry-Brush-Technik
- Nass-in-Nass-Technik
- Fell-Maltechnik
- Tusche und Farbe

Die einzelnen Techniken werden vorab ausführlich erklärt, so dass Sie sie anschließend problemlos anwenden können.

Benötigte Materialien:

- Runde Aquarell-Pinsel (Größen 2–6)
- Feiner Detail-Pinsel
- Aquarell-Farbe
- Wasser zum Auswaschen der Pinsel
- Palette zum Mischen der Farben
- Schwarzer Permanent Tuschestift
- Weißer Gelstift
- Küchenkrepp

Farbtest

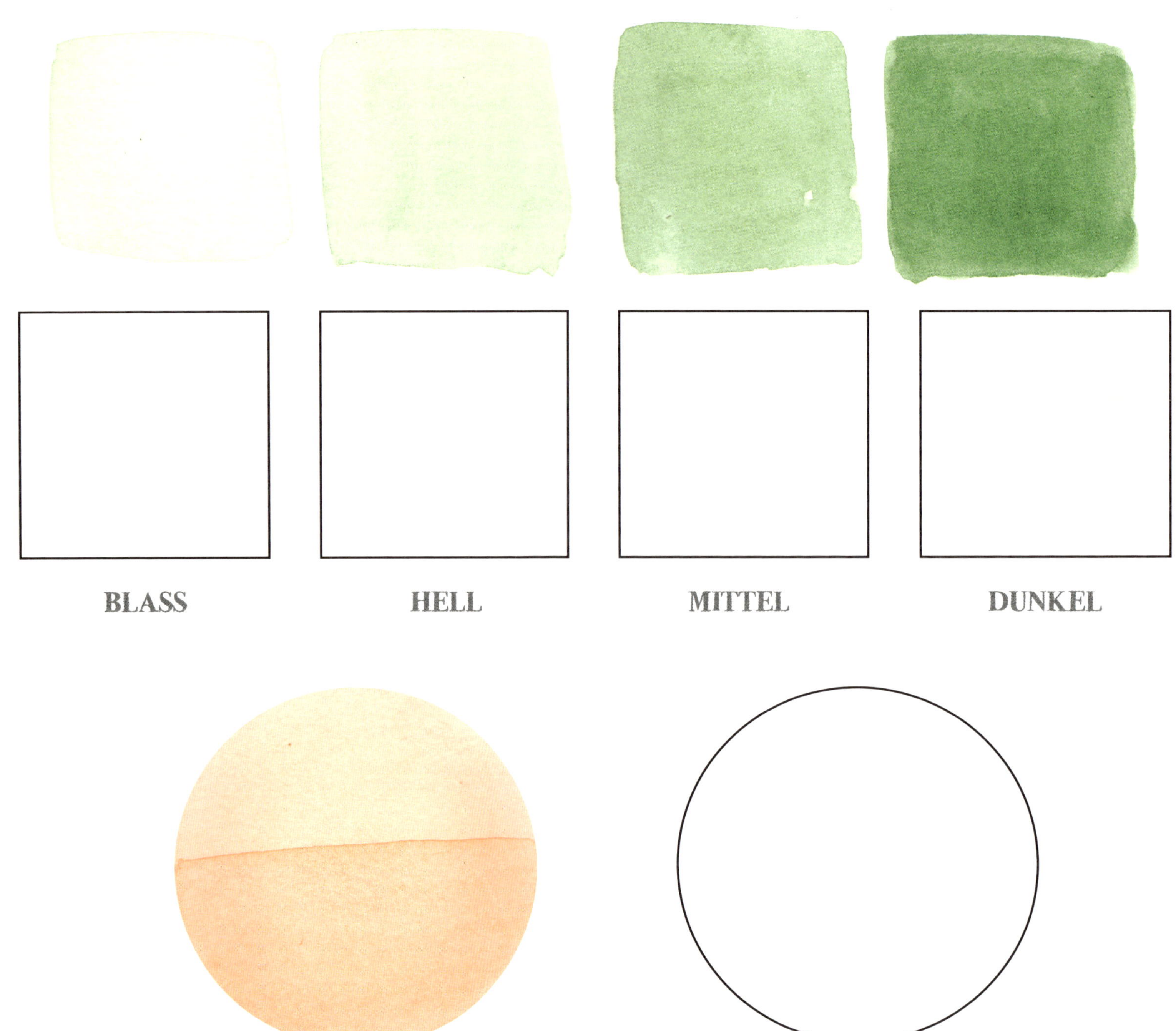

DRY-BRUSH-TECHNIK

Wir beginnen in diesem Buch mit Aquarell-Motiven in der Dry-Brush-Technik, bei der das Papier vor dem Farbauftrag nicht angefeuchtet wird.

Die Dry-Brush-Technik ermöglicht die Kontrolle über den Farbauftrag. Außerdem können Sie in dieser Technik Details malen und deutlich abgegrenzte Linien ziehen.

Wenn Sie auf trockenem Papier malen, achten Sie darauf, dass der Pinsel ausreichend befeuchtet ist, damit die Farbe frei fließen kann. Ist der Pinsel zu trocken oder nur gering befeuchtet, erhalten Sie einen sehr kräftigen, trockenen Farbeffekt.

Denn bei allen Aquarell-Techniken bestimmt das Verhältnis von Wasser und Farbpigment, wie hell oder dunkel die Farbe auf dem Papier erscheint. Je mehr Wasser verwendet wird, desto transparenter wirkt der Farbauftrag, bei weniger Wasser erscheint die Farbe umso kräftiger oder lebendiger.

Die Dry-Brush-Technik ermöglicht außerdem einen schichtweisen Farbauftrag, Sie können also auf trockene Schichten zuvor kolorierter Bereiche erneut Farbe auftragen. Auf diese Weise erreichen Sie Texturen und Feinheiten, die Sie gezielt einsetzen können, ohne befürchten zu müssen, dass die Farbe unbeabsichtigt in andere Bereiche verläuft.

Auf der linken Buchseite finden Sie vier leere Kästchen. Füllen Sie diese, wie es auf den darüber liegenden, farbigen Kästchen zu sehen ist, mit Farbe und Wasser jeweils in einem unterschiedlichen Mischungsverhältnis aus. Beginnen Sie mit einer stark verdünnten Mischung (mehr Wasser, weniger Farbpigment), und erhöhen Sie die Pigmentmenge allmählich, indem Sie mehr Farbe mit weniger Wasser mischen.

Anschließend füllen Sie den Kreis mit einer einzigen hellen Farbe. Lassen Sie den Farbauftrag vollständig trocknen. Dann tragen Sie eine zweite Schicht in die untere Hälfte des Kreises auf. Sie werden bemerken, wie die Intensität des Farbauftrags auf diese Weise erhöht wird.

Eicheln

Eicheln zeichnen sich durch eine starke Textur aus. Imitieren Sie diesen Effekt durch Schattierungen, eine zarte Linienführung und Glanzpunkte bzw. Lichtreflexe.

Indem Sie mit brauner Aquarellfarbe mehrere Lagen in der Dry-Brush-Technik aufbringen, erzeugen Sie die nötigen Schattierungen, die der Eichel Form und Struktur geben. Die untere Hälfte der Eichel sollte „streifig" aussehen, wie die naturgemäße Textur einer Eichel.

Farben

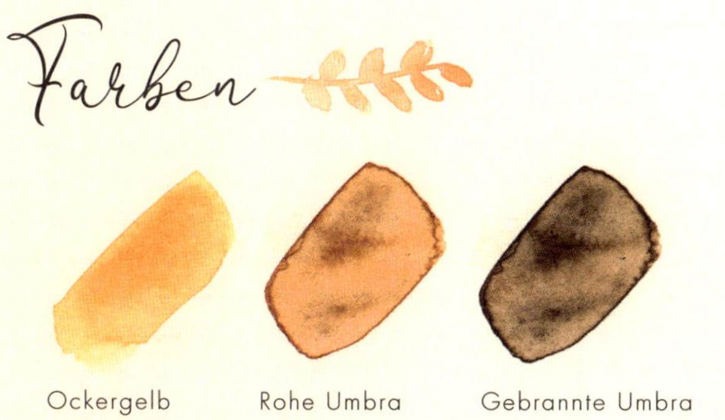

Materialien

- Runder Aquarellpinsel (Größe 6)
- 3 Aquarellfarben

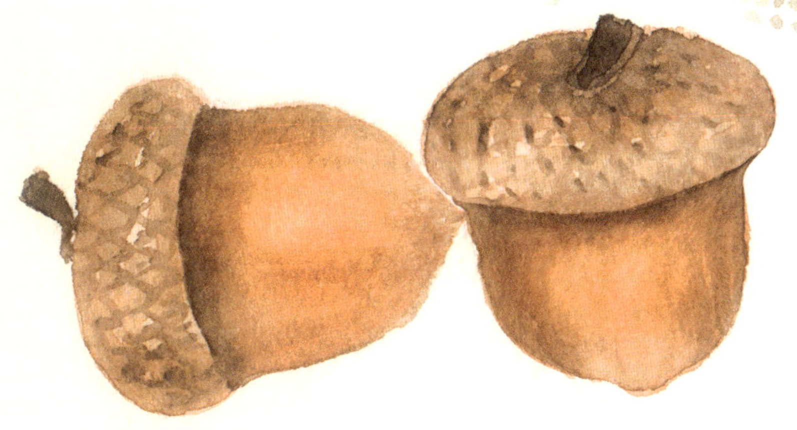

1. Kolorieren Sie zuerst die untere Hälfte der Eicheln mit einem leichten Farbauftrag von Rohe Umbra, gemischt mit Ockergelb.

2. Die Farbe ein paar Minuten trocknen lassen und dann den Farbauftrag wiederholen. Die streifige Textur der Eichel imitieren Sie ganz einfach, indem Sie den Pinsel jeweils von oben nach unten führen.

3. Mit Gebrannte Umbra eine weitere Farbschicht aufbringen, und zwar innenliegend an den Außenkonturen rundum an der rechten und linken Seite, an der oberen Kante und an der unteren Spitze der Eichel. Zu hart erscheinende Farbübergänge unter Zugabe von etwas Wasser ausgleichen.

4. Den Fruchtbecher bzw. das "Hütchen" der Eichel füllen Sie zunächst mit einer leichten Verdünnung von Gebrannte Umbra. Dann wie zuvor mehrere Farbschichten auftragen, um in der Mitte und seitlich dunklerer Schattierungen zu erhalten.

5. Die Farbe wieder einige Minuten trocknen lassen und dann mit dünner Pinselspitze und Gebrannte Umbra ein gitterartiges Muster auf den vorherigen Farbauftrag malen. Versuchen Sie, die Linien dem vorherigen Farbauftrag anzupassen. In den Bereichen, wo der Farbauftrag heller erscheint, malen Sie also die Linien ebenfalls heller, in den Bereichen, wo sich dunklere Schattierungen gebildet haben, halten Sie die Linien dunkler.

6. Abschließend die Stielansätze in Gebrannte Umbra aufmalen.

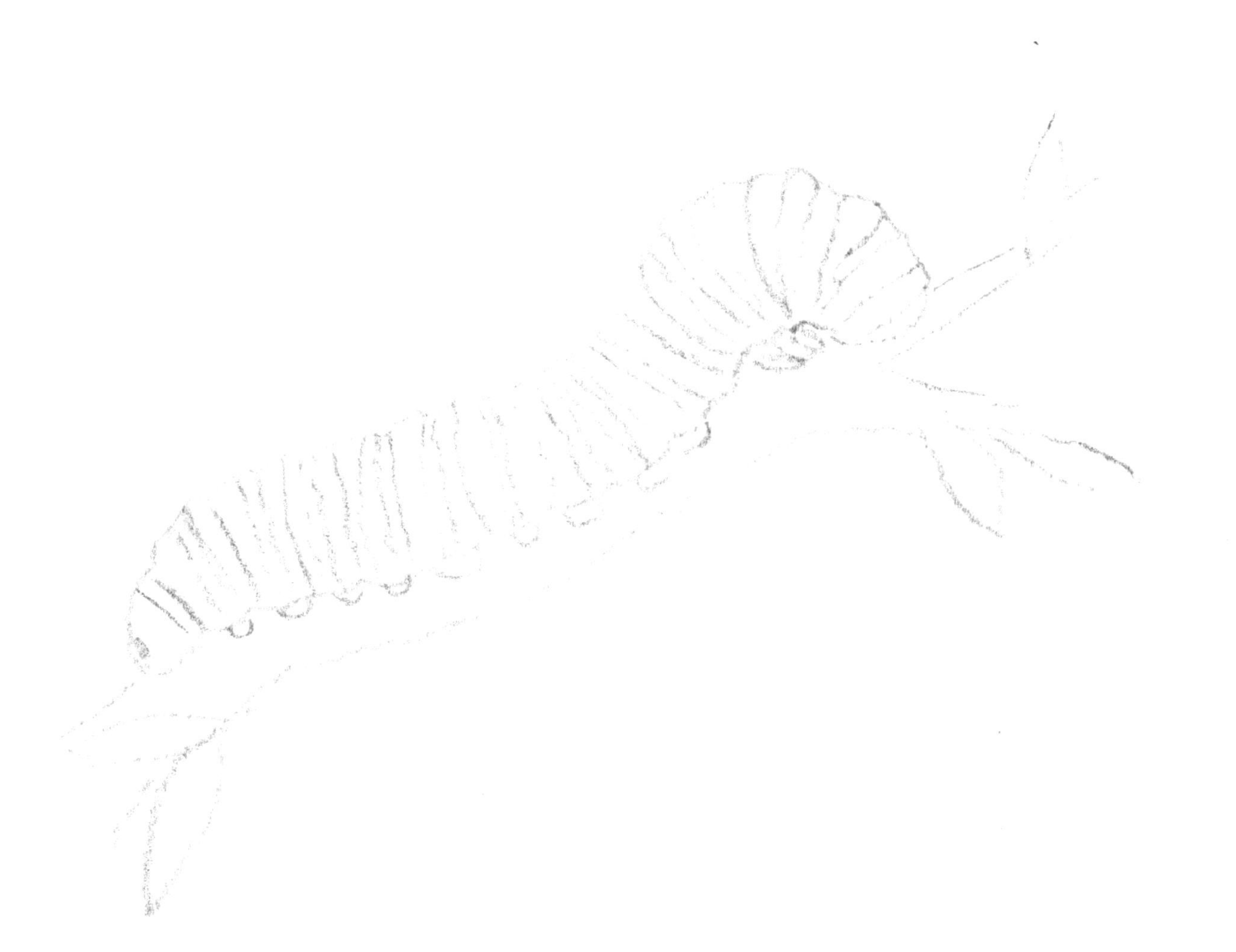

Raupe

Raupen gibt es in vielen, verschiedenen Farben. Sie können also ganz flexibel sein und Farben verwenden, die Ihnen am besten gefallen.

Wenn Sie möchten, können Sie die schwarzen Details mit einem Tuschestift anstelle von Aquarellfarbe auftragen. Weiße Akzente erreichen Sie mit einem weißen Gelstift oder mit einer weniger transparenten Farbe wie Acryl- oder Gouachefarbe.

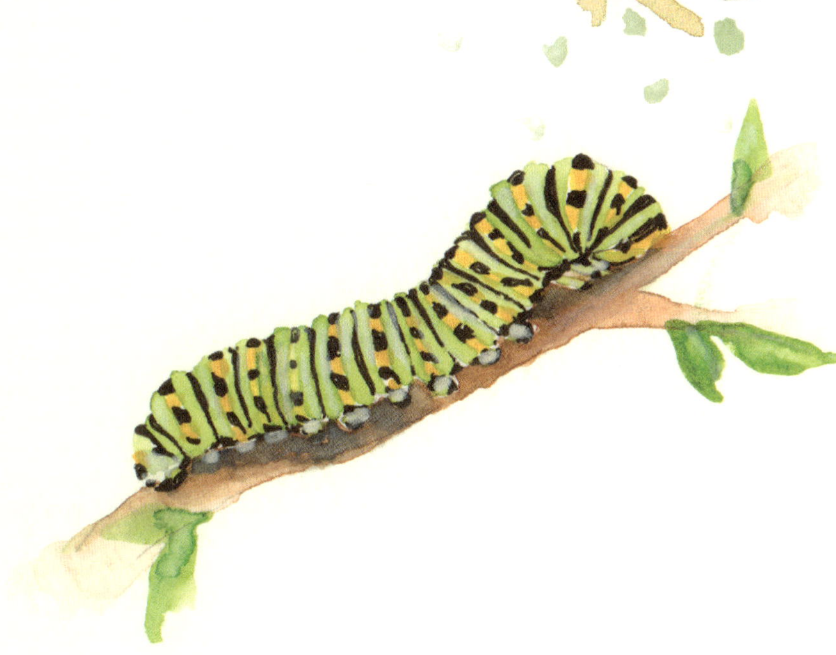

Farben

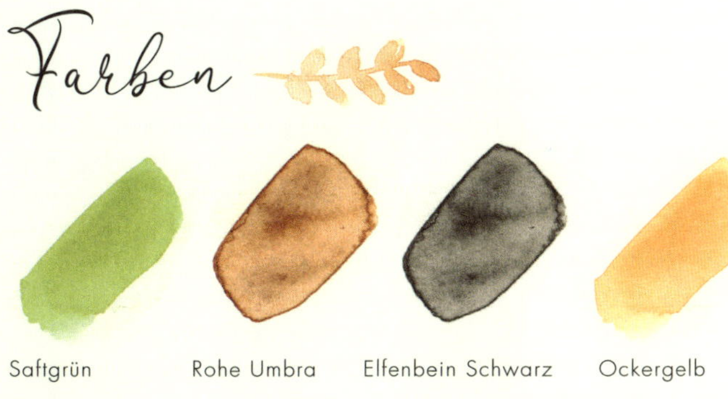

Materialien

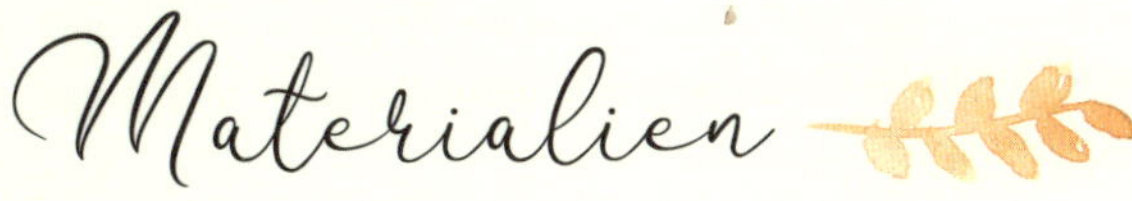

- Feiner Aquarellpinsel (Größe 2 oder 3)
- 4 Aquarellfarben
- Schwarzer Tuschestift (optional)
- Weißer Gelstift (optional)

1. Beginnen Sie, indem Sie jeden zweiten Streifen mit ihrer favorisierten Hauptfarbe ausfüllen, in diesem Beispiel ist es Saftgrün.

2. Lassen Sie die Farbe trocknen. Verwenden Sie dann für den Ast Rohe Umbra. Für den Schatten unter der Raupe Rohe Umbra gemischt mit Elfenbein Schwarz etwas intensiver, also dunkler, auftragen.

3. Mit Ockergelb füllen Sie die noch unbemalten Streifen des Körpers.

4. Die ockergelbe Farbe trocknen lassen. Dann punktuell mit einem schwarzen Tuschestift oder alternativ mit Aquarellfarbe Elfenbein Schwarz Akzente setzen, so dass die Streifen gefleckt erscheinen.

5. Die Füße der Raupe als schwarze Tupfer aufmalen, die mit weißem Gelstift helle Akzente erhalten. Abschließend malen Sie vereinzelt Blätter an den Ast.

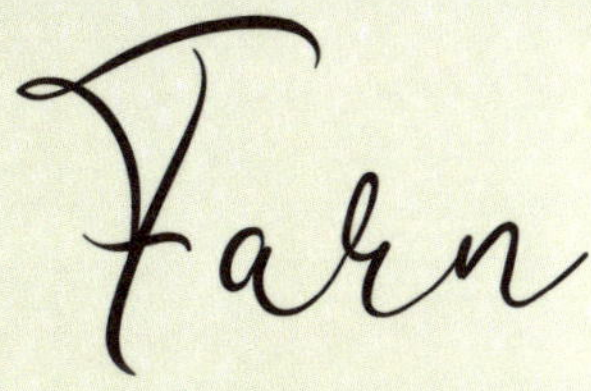

Farn-Blätter eignen sich nicht nur hervorragend als Motiv-Ergänzung in der Malerei, sie sind außerdem ganz einfach zu malen. Die Blattformen erfordern lediglich eine ruhige Hand, die die Linienführung mit leichtem Druck filigran führt, insbesondere bei kleineren Flächen. Die Blätter sind einfarbig, besonders interessante Effekte können Sie aber erzeugen, indem Sie der Hauptfarbe eine zweite Farbe beimischen und damit den Aquarell-Charakter unterstreichen.

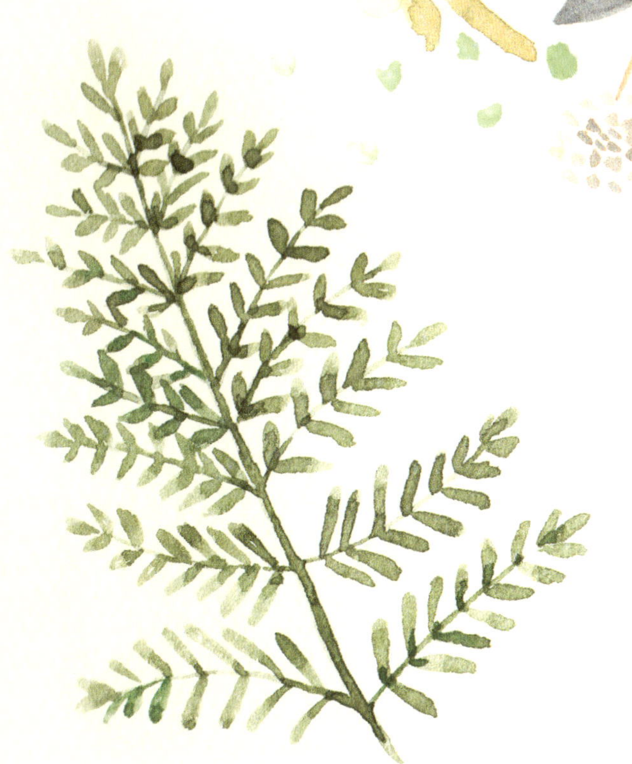

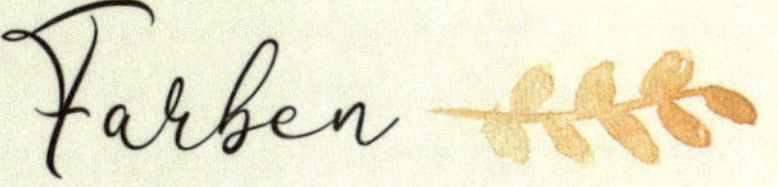

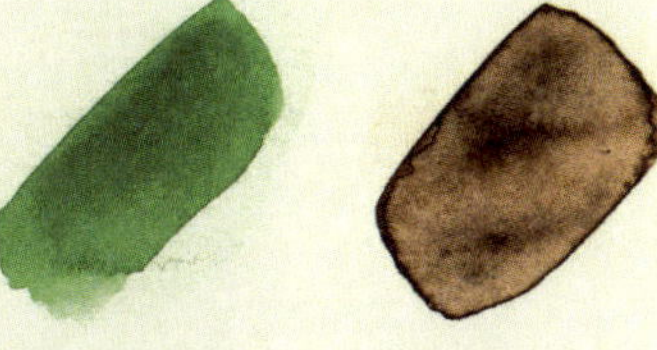

Hooker's Dunkelgrün Gebrannte Umbra

Materialien

- Feiner, runder Aquarellpinsel (Größe 6)
- 2 Aquarellfarben

1. Beginnen Sie mit der mittleren Blattader. Verwenden Sie einen dünnen Aquarellpinsel und eine Mischung aus Hooker's Dunkelgrün und Gebrannte Umbra. Um eine feine, dünne Linie zu erzielen, sollte die Farbkonsistenz nicht zu wässerig sein.

2. Solange die mittlere Blattader noch feucht ist, malen Sie die seitlichen Blattstiele. Auf diese Weise entsteht ein nahtloser Übergang von der Hauptader zu den Seitenadern und Blattstielen.

3. Beginnen Sie am oberen Ende der Hauptader, die Blätter zu malen, und zwar im selben Farbton wie die Hauptader. Zuerst das mittlere Blatt malen, dann rechts und links davon die zwei weiteren Blätter. Insgesamt kommen drei kleine Blätter an die Spitze des Blattwedels, in der Form jeweils einem kleinen, umgedrehten Tropfen ähnlich.

4. So an jedem Stielansatz fortfahren. Solange die Farbe noch feucht ist, auf einzelne Blätter nochmals etwas Farbe auftupfen, damit Schattierungen entstehen, die den Farn in der Textur interessanter gestalten.

Marienkäfer

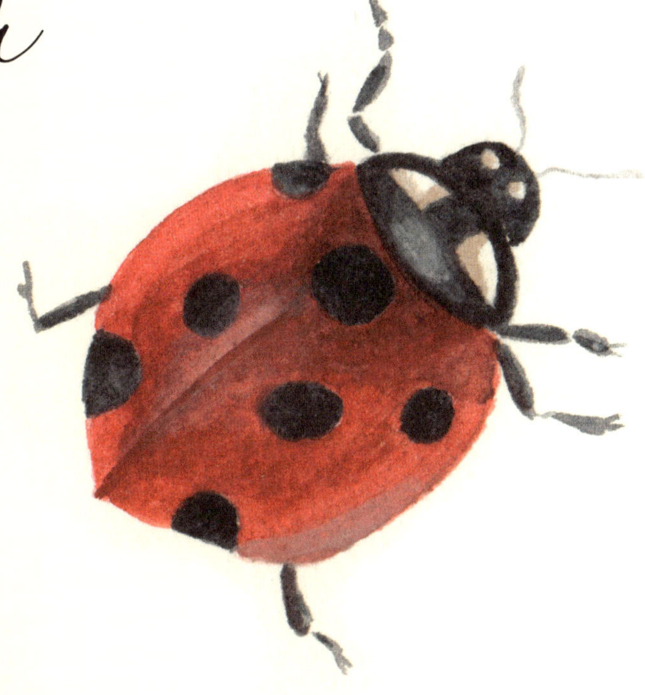

Dieser kleine Marienkäfer entsteht mit zwei Rottönen und einem weißen Buntstift als Highlighter, um Details hervorzuheben. Der Rücken erscheint in der Mitte dunkler und zu den Rändern verläuft die Farbe heller. Für die schwarzen Punkte verwenden Sie wahlweise schwarze Aquarellfarbe oder einen Tuschestift.

Farben

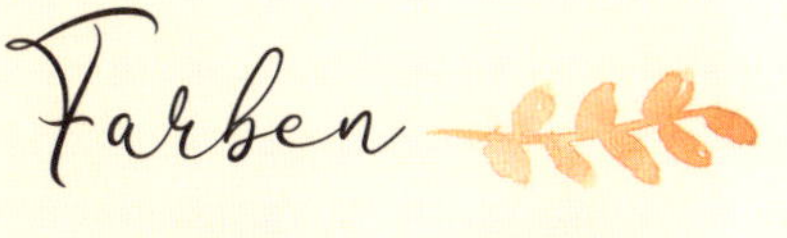

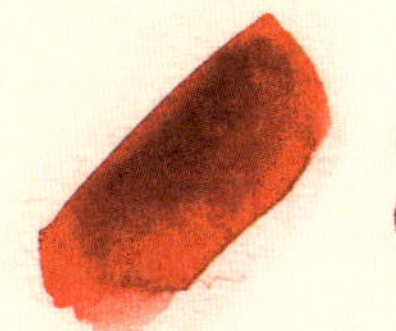

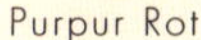

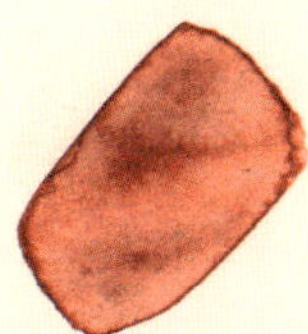

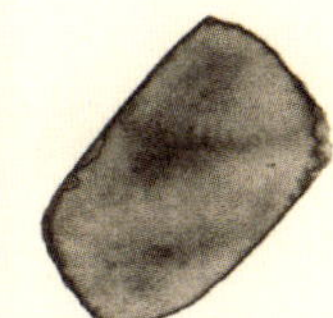

Purpur Rot Indisch Rot Elfenbein Schwarz

Materialien

- Runder Aquarellpinsel (Größe 6)
- 3 Aquarellfarben
- Weißer Buntstift
- Schwarzer Tuschestift (optional)

1. Beginnen Sie, indem Sie den Körper des Marienkäfers mit Purpur Rot tönen. Bringen Sie nur eine Lage verdünnte Farbe auf, da diese lediglich die Basis für weitere Schichten darstellt.

2. Diesen ersten Farbauftrag ein paar Minuten trocknen lassen, dann eine weitere Lage mit etwas stärker pigmentiertem Indisch Rot in der Rückenmitte aufbringen. Indem Sie weniger Wasser beimischen, wird der Farbauftrag kräftiger.

3. Den Farbauftrag erneut trocknen lassen. Dann die schwarzen Bereiche wie Kopf und Beine entweder mit Elfenbein Schwarz oder einem Tuschestift ausfüllen. Achten Sie darauf, dass die weißen Details am Kopf nicht mit Tusche benetzt werden.

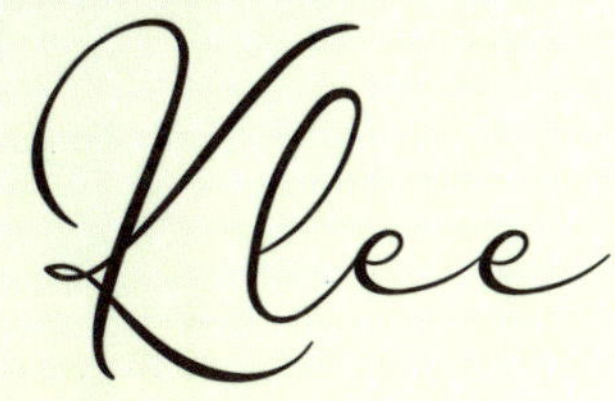

Klee

Die Grüntöne bei diesem Klee werden allein durch eine Farbe erzeugt, der mehr oder weniger Wasser hinzugefügt wird, um die Farbintensität zu erhöhen oder zu verringern. Je mehr Wasser Sie hinzufügen, desto heller wird das Grün. Je weniger Wasser Sie hinzufügen, desto pigmentierter wird es. Für die Blattadern verwenden Sie einen ganz feinen Aquarellpinsel oder einen runden Aquarellpinsel mit sehr dünner Spitze.

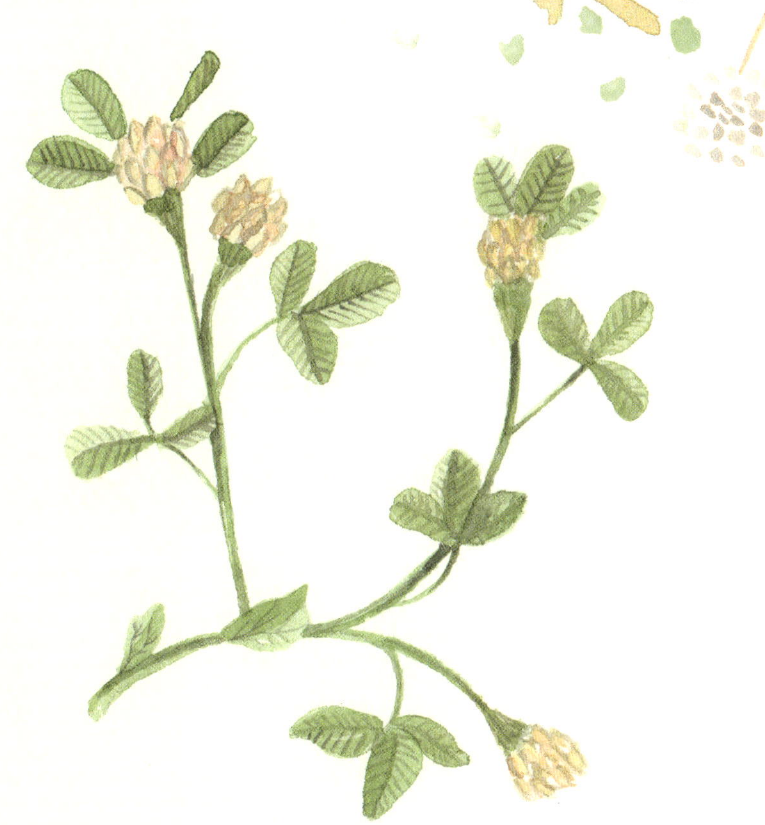

Farben

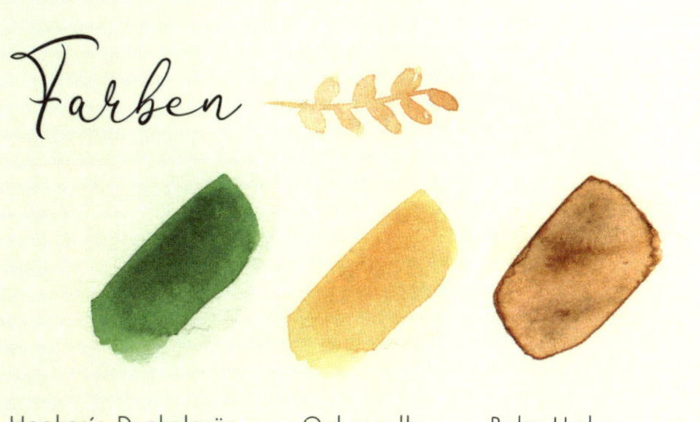

Hooker´s Dunkelgrün Ockergelb Rohe Umbra

Materialien

- Runde Aquarellpinsel (Größen 1 + 5)
- 3 Aquarellfarben

1. Kolorieren Sie die Kleeblätter vollständig mit einer leichten, wässerigen Mischung aus Hooker´s Dunkelgrün und einem Hauch Ockergelb.
2. Mit leichtem Pinselstrich bis zu den Stielen fortfahren.
3. Die Farbe ein paar Minuten trocknen lassen und dann jeweils auf eine Blatthälfte eine weitere, etwas dunklere Farbmischung aus Hooker´s Dunkelgrün und Ockergelb auftragen. Streichen Sie nun mit dem Pinsel die Stiele locker entlang, um eine plastisch wirkende Schattierung zu erzeugen.
4. Mischen Sie ein wenig Rohe Umbra mit Ockergelb und Wasser, bis Sie einen beigen Farbton erhalten. Hiermit füllen Sie die Knospen aus.
5. Sobald diese Farbschichten trocken sind, die Blattadern der Blätter mit einem dunkleren Grünton hinzufügen und die Knospen mit einem dunkleren Ton der beigen Farbmischung umreißen.

Blüten

Es gibt unzählige Arten von Blüten und unterschiedliche Techniken, sie zu malen. Die einfachste Methode ist jedoch die Dry-Brush-Technik, denn sie ermöglicht es, die Farbe exakt zu platzieren und feine Konturen auszuführen.

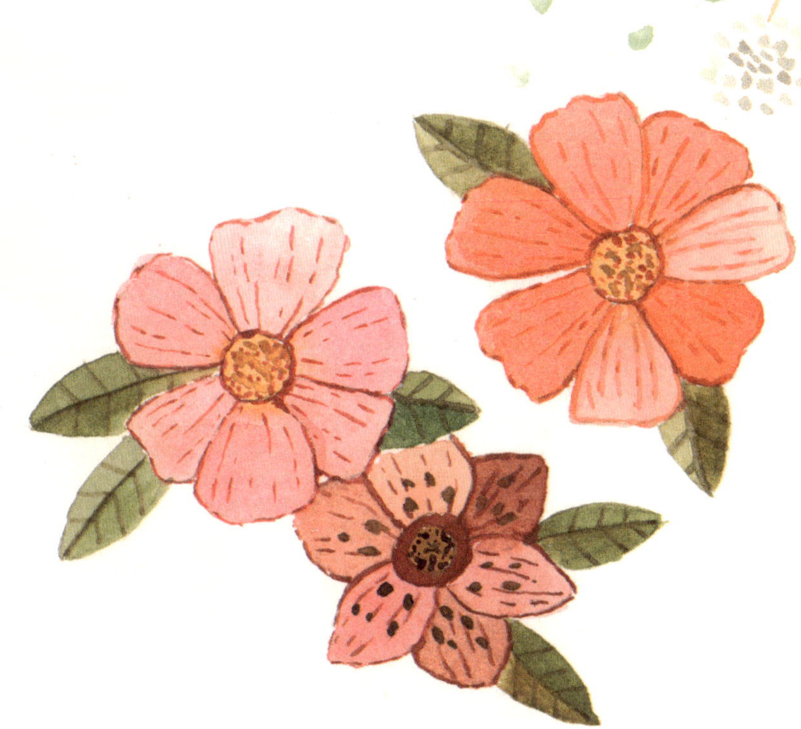

Farben

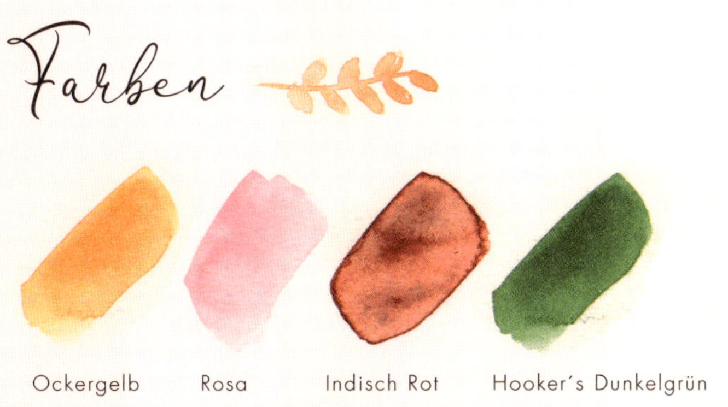

Materialien

- Runder Aquarellpinsel (Größe 6)
- 4 Aquarellfarben

1. Die Blütenblätter zunächst einzeln mit Mischungen aus Ockergelb, Rosa und Indisch Rot ausmalen. Ein wenig Ockergelb in Indisch Rot ergibt einen Orangeton. Rosa gemischt mit Indisch Rot schwächt den rosa Farbton ebenfalls ein wenig ab. Experimentieren Sie ruhig mit verschiedenen Farbmischungen, um den Farbton zu treffen, der Ihnen am besten gefällt.

2. Nachdem dieser erste Farbauftrag getrocknet ist, die mittleren Bereiche jeder Blüte mit Ockergelb ausmalen. Die Blätter mit einer Mischung aus Hooker´s Dunkelgrün und Ockergelb gestalten.

3. Mit einer etwas dunkleren Farbmischung als für die Blüten malen Sie Konturen um jedes einzelne Blütenblatt. Auf den Innenflächen der Blütenblätter gestrichelte, unterbrochene Linien ziehen, in die runde Blütenmitte jeweils kleine Punkte setzen.

4. Mit einem etwas dunkleren Grünton für die Blätter, ergänzen Sie die Blattadern.

5. Betrachten Sie das Resultat und ergänzen Sie hier und da einzelne Punkte oder Striche.

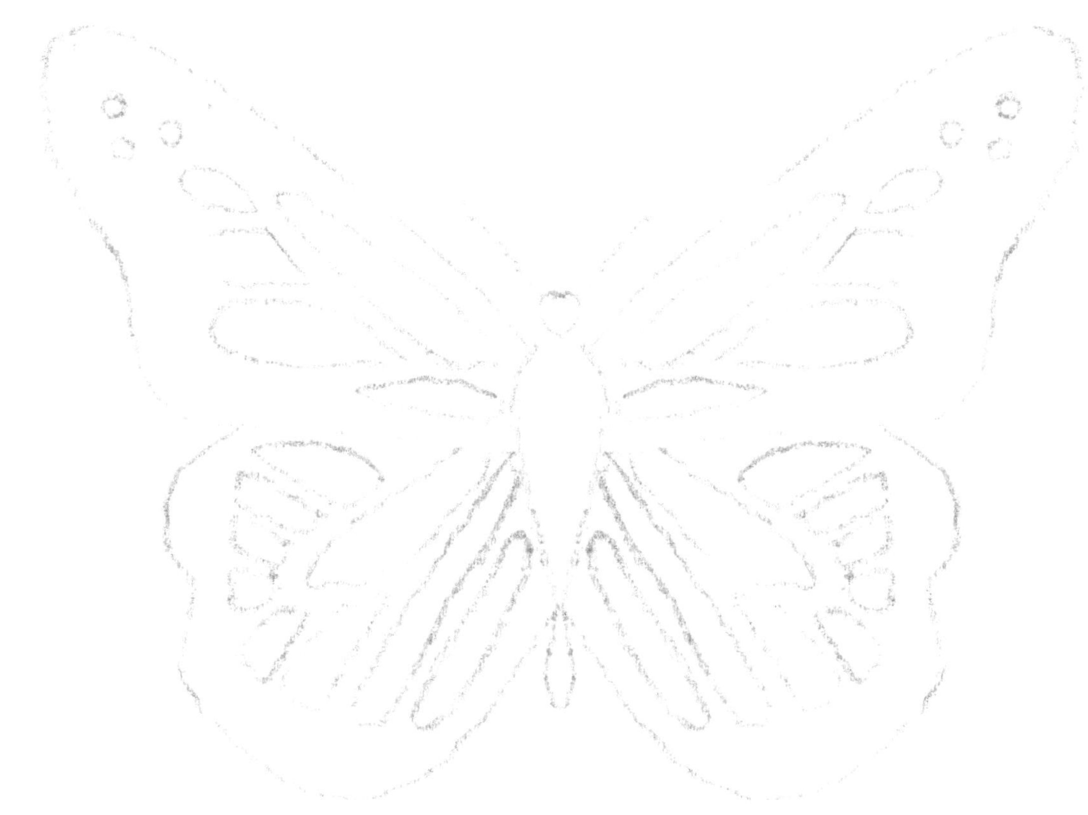

Monarchfalter

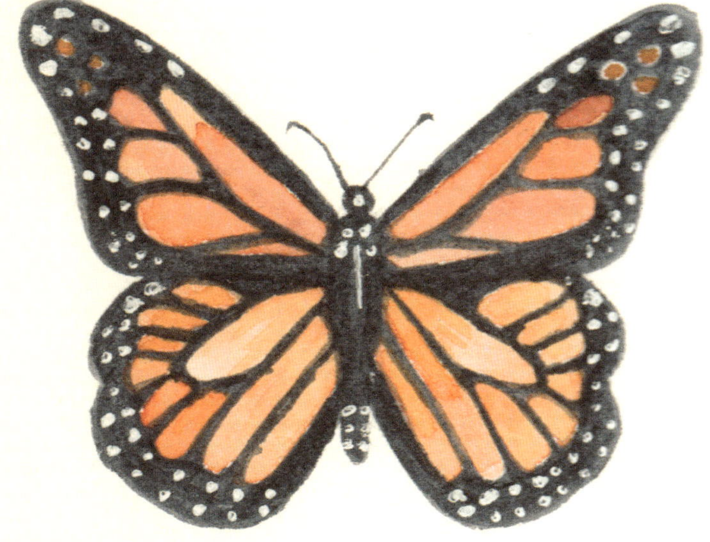

Ein Monarchfalter hat viele kleine Details, deren Koloration viel Spaß macht. Den schwarzen Farbauftrag müssen Sie möglicherweise wiederholen, wenn Sie den Farbton dunkler wünschen, da die Farbe grundsätzlich heller auftrocknet.

Die orangefarbenen Bereiche werden einzeln ausgefüllt, so können Sie für jeden Bereich eine eigene Farbmischung herstellen, was die Flügel besonders realistisch wirken lässt.

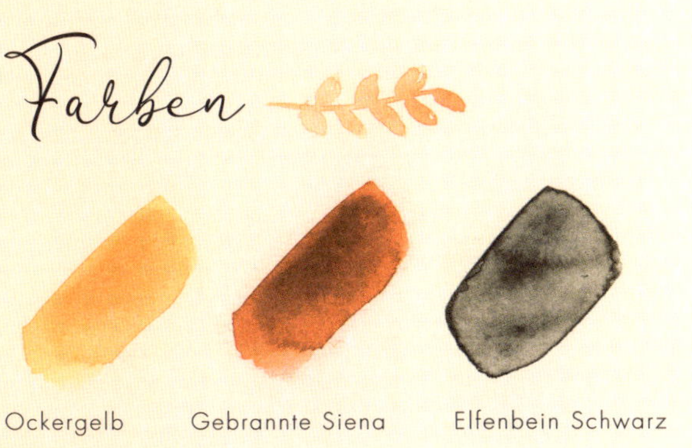

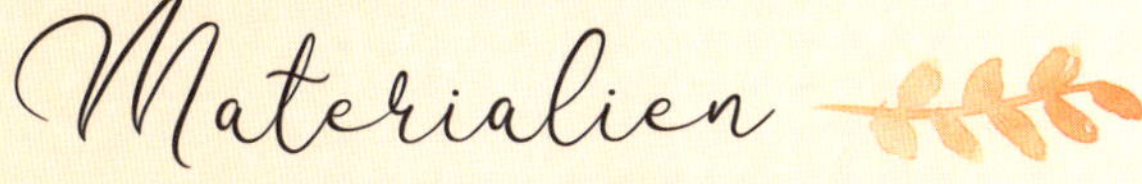

- Runder Aquarellpinsel (Gr. 3) od. einen feinen Aquarellpinsel
- 3 Aquarellfarben
- Weißer Gelstift oder Weiße Gouache

1. Mischen Sie ein wenig Ockergelb mit Gebrannte Siena und Wasser, um ein Orange mit einem Gelbton als Basis zu erhalten.

2. Kolorieren Sie jeden Flügelabschnitt einzeln mit der gemischten Farbe. Achten Sie darauf, dass Sie die Abschnitte nicht vollständig mit Farbe benetzen, sondern das Papier zwischen den orangefarbenen Abschnitten jeweils unbemalt lassen.

3. Wenn die Farbe nach ein paar Minuten trocken ist, die schwarzen Konturen und den Körper mit Elfenbein Schwarz malen. Malen Sie lediglich mit der Pinselspitze oder verwenden Sie einen besonders feinen Pinsel, um wirklich nur die bisher frei gebliebenen, weißen Bereiche zu benetzen.

4. Sobald die Farbe vollständig trocken ist, abschließend die weißen Akzente mit einem weißen Gelstift oder weißer Gouache hinzufügen.

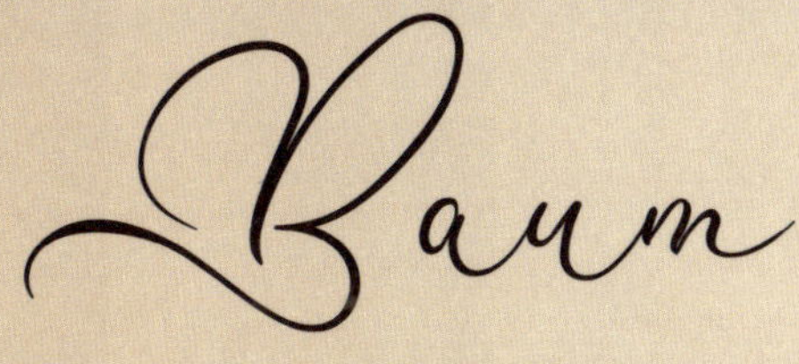

Baum

Die verschiedenen Teile des Baumes können Sie mithilfe der Strichel-Methode malen, indem Sie mit dem Pinsel punktförmige Striche über dem vorangegangenen Farbauftrag ausführen. Dadurch wird die Farbintensität komplexer, so dass die Blätter des Baumes Schatten und Lichtreflexionen aufweisen, obwohl durchgehend die gleiche Farbe verwendet wird.

Mit nur zwei Farben können Sie also die Blätter und den Stamm dieses Baumes gestalten.

Farben

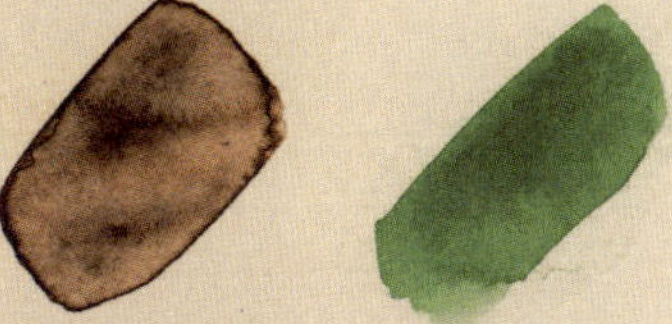

Gebrannte Umbra   Hooker´s Dunkelgrün

Materialien

- Runder Aquarellpinsel (Größe 6)
- 2 Aquarellfarben

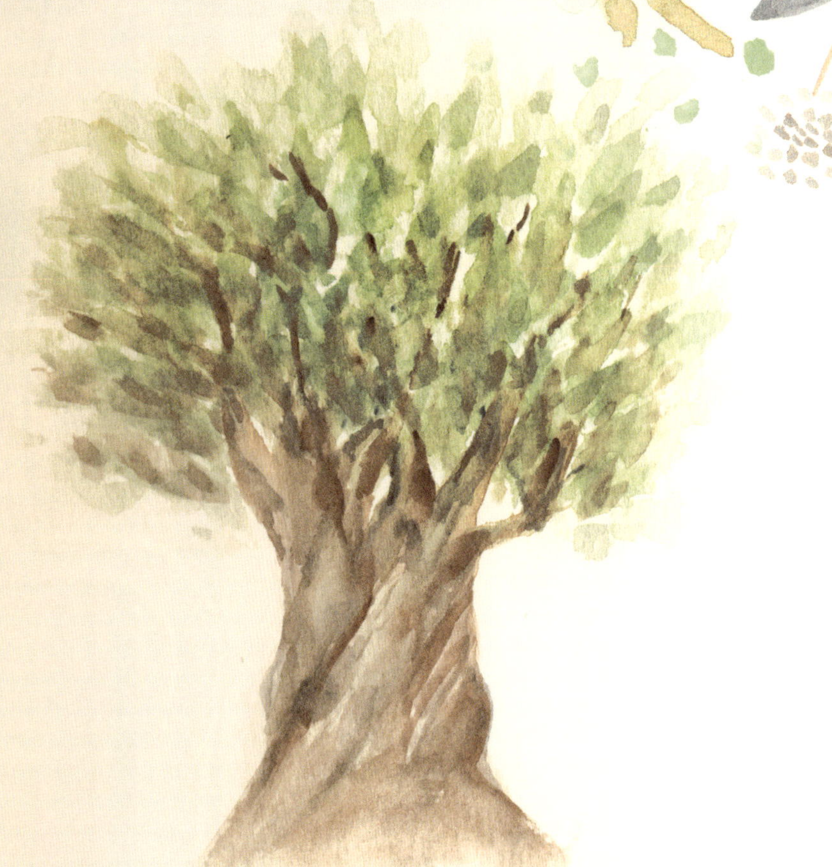

1. Beginnen Sie, indem Sie eine leichte Verdünnung von Gebrannte Umbra für den Baumstamm wählen. Während diese Basisschicht auftrocknet, gehen Sie nochmals mit einer stärker pigmentierten Mischung von Gebrannte Umbra darüber. Details wie Linien und insgesamt dunklere Bereiche hinzufügen.

2. Mit verdünntem Hooker´s Dunkelgrün tupfen Sie dann einige Blätter für die Baumkrone auf.

3. Sobald die Schicht trocken ist, eine weitere Schicht Blätter mit einer etwas stärker pigmentierten Farbmischung (weniger Wasser) hinzutupfen. Tupfen Sie weiter und dunkeln Sie den Farbauftrag so lange ab, bis Sie mit dem Ergebnis zufrieden sind, und der weiße Untergrund fast vollständig gefüllt ist.

4. Den Farbauftrag für die Blätter einige Minuten trocknen lassen, bevor Sie mit Gebrannte Umbra stellenweise das Astwerk durch die Blätter hindurch schimmern lassen. Mit der gleichen Farbe abschließend auch auf dem Baumstamm einige Akzente setzen.

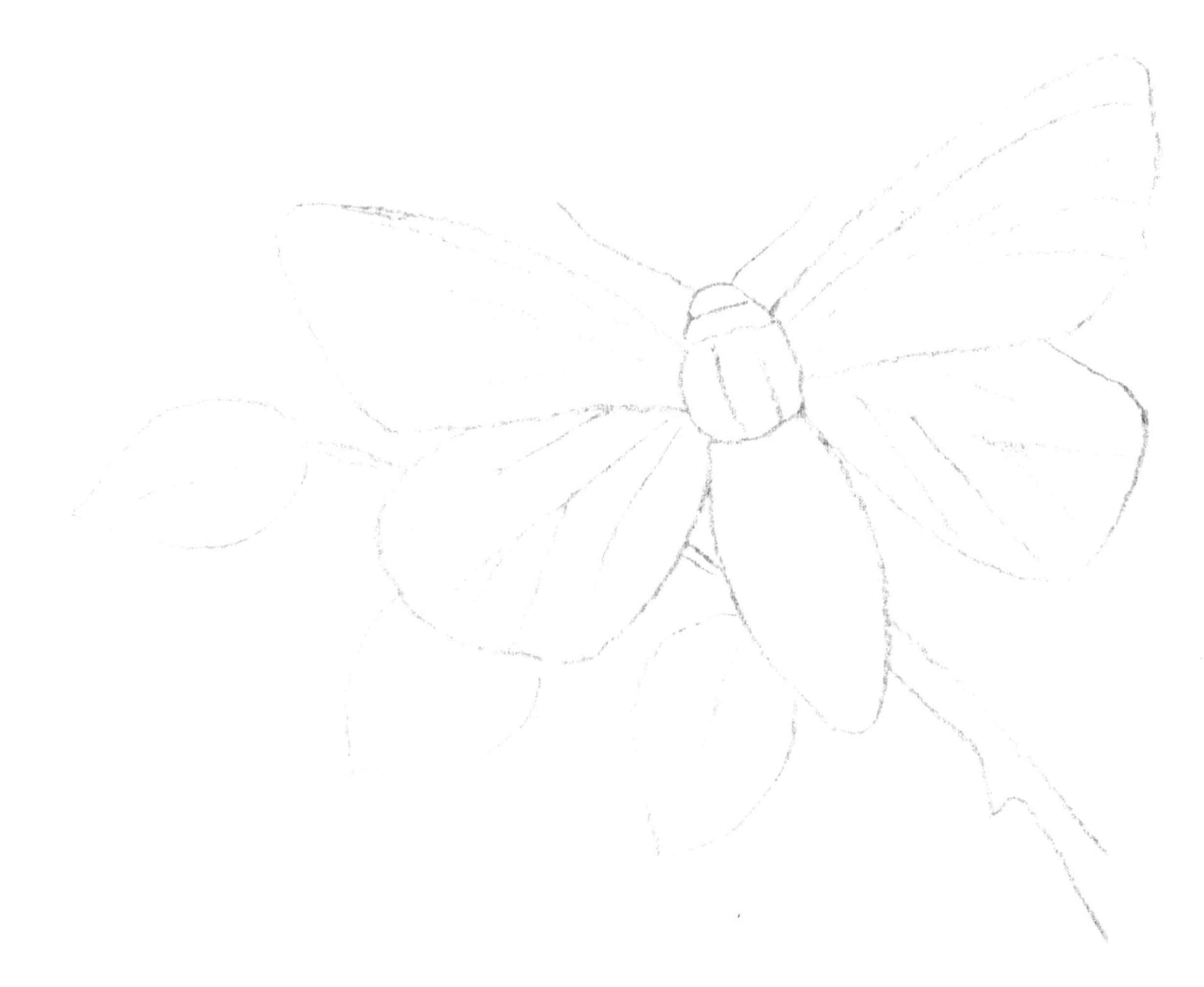

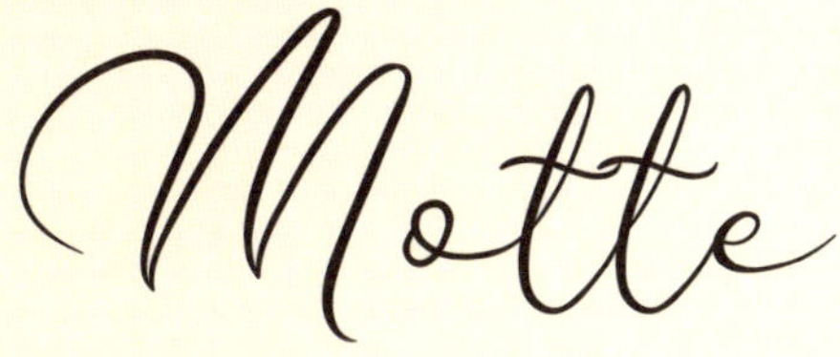

Diese Motte ist äußerst detailreich, obwohl sie nur mit wenig Farbe und mit einem feinen Pinsel gestaltet wird.

Die Flügel werden mit einem sehr wässrigen Farbmix mit dunkleren Abtönungen für die Textur gemalt. Die feinen Linien werden hinzugefügt, sobald jeweils die erste Schicht getrocknet ist.

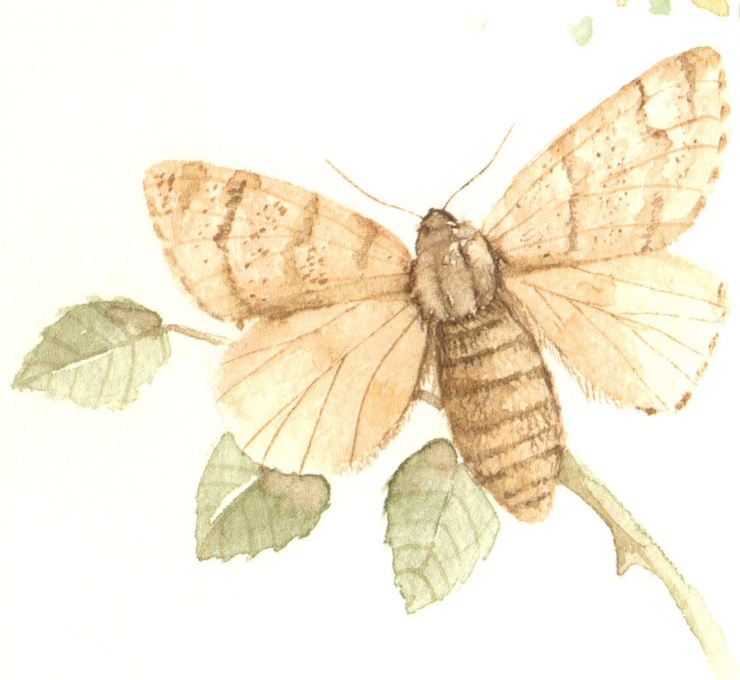

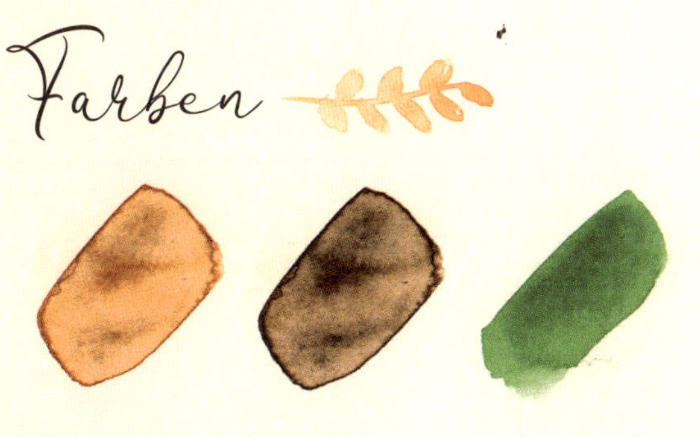

Rohe Umbra   Gebrannte Umbra   Hooker's Dunkelgrün

Materialien

- Runder Aquarellpinsel (Größe 6)
- Feiner Detailpinsel
- 3 Aquarellfarben

1. Die Flügel zunächst mit einer leichten Verdünnung von Rohe Umbra kolorieren. Lassen Sie dann Tropfen der gleichen Farbe, jedoch in weniger wässriger Konsistenz, auf die nassen Bereiche fallen, um die nötige Textur zu erhalten.

2. Genauso gehen Sie bei der Gestaltung des Körpers vor, indem Sie eine leichte Verdünnung von Gebrannte Umbra verwenden. Beide Farbbereiche einige Minuten lang vollständig trocknen lassen.

3. Mit einer dunkleren Mischung aus Gebrannte Umbra und der Pinselspitze einige vertikale Linien über die oberen Flügel ziehen.

4. Mit einem feinen Detailpinsel und Gebrannte Umbra bringen Sie außerdem kleine, kurze Striche auf dem Körper an, um die horizontalen Linien und die pelzige Textur zu erzeugen.

5. Mit dem gleichen Pinsel und der gleichen Mischung Gebrannte Umbra auch die feinen Adern in den Flügeln ziehen und die Fühler gestalten.

6. Für die Blätter und den Zweig Hooker's Dunkelgrün mit Gebrannte Umbra mischen. Die Flächen entsprechend kolorieren und die Farbe trocknen lassen. Arbeiten Sie dann die Blattadern der Blätter mit Gebrannte Umbra und dem feinen Detailpinsel aus.

Wildrose

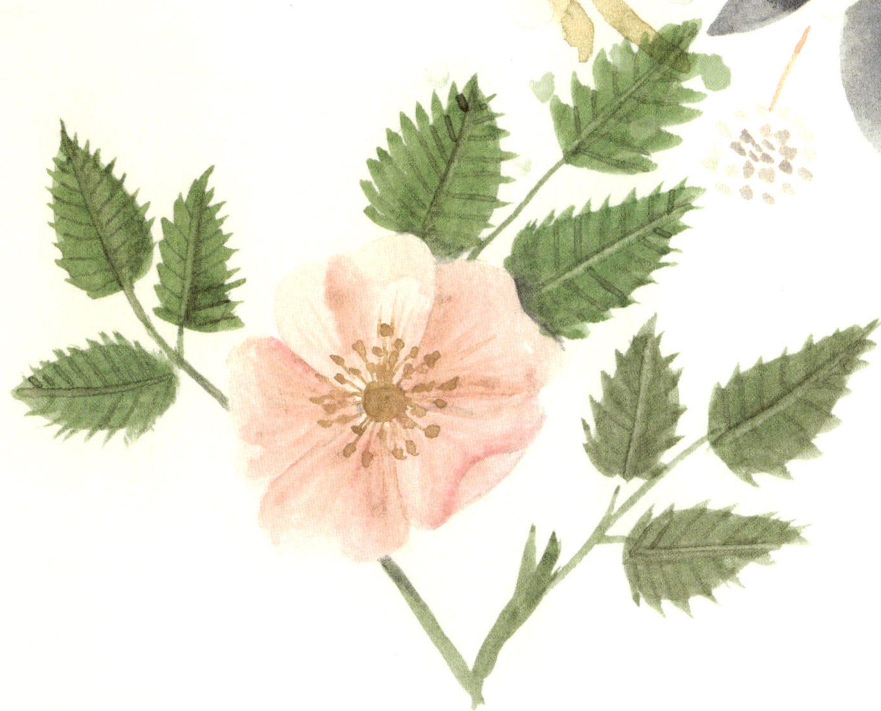

Wildblumen verleihen dem Wald mit ihren hellen Pastelltönen und weichen Blütenblätter eine zarte Note. Diese Wildrose mit den spitzen Blättern wirkt sehr feminin und ist recht schnell zu gestalten.

Farben

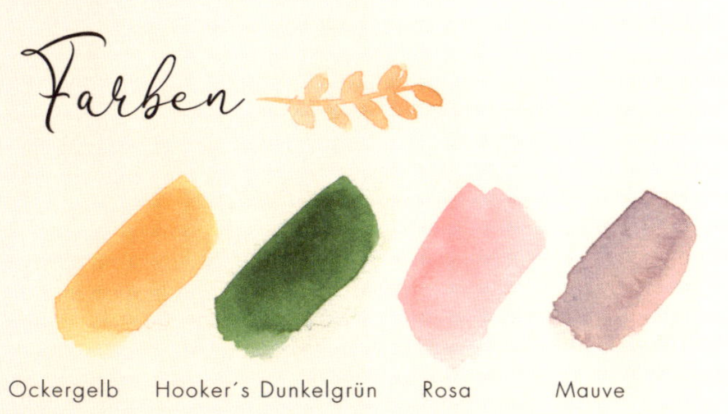

Ockergelb   Hooker´s Dunkelgrün   Rosa   Mauve

Materialien

- Runder Aquarellpinsel (Größe 6)
- Detailpinsel
- 4 Aquarellfarben

1. Beginnen Sie mit den Blättern. Hierfür mischen Sie etwas Ockergelb mit Hooker´s Dunkelgrün, um das Grün weniger dominant wirken zu lassen. Das erste Blatt kolorieren. Während die Farbe noch feucht ist, mit einem Detailpinsel kleine Spitzen an den Rändern herausziehen.

2. Gehen Sie auf diese Weise bei allen Blättern vor, fügen Sie außerdem die Stiele, ebenfalls mit dem Detailpinsel, hinzu.

3. Nachdem die Blätter getrocknet sind, für die Blattadern eine etwas stärker pigmentierte (weniger wasserhaltige) Mischung des gleichen Grüntons verwenden.

4. Für die Blüte mischen Sie einen Hauch Rosa mit Mauve und einer reichlichen Menge Wasser, um einen hellen Pastellton zu erhalten. Jeweils nur ein Blütenblatt mit der Farbe kolorieren. Lassen Sie es erst trocknen, bevor Sie mit dem nächsten fortfahren.

5. Um den Blütenblättern dunklere Details und Schatten zu verleihen, eine dunklere Mischung (weniger Wasser) mit dem gleichen Farbton an den Rändern der Blütenblätter auftragen. Trocknen Sie den Pinsel ab, und streichen Sie dann an den nassen Rändern entlang, um die Farbe abzublenden.

6. Das Motiv trocknen lassen. Abschließend die Blütenstände bzw. die mittleren Punktdetails mit Ockergelb hinzufügen.

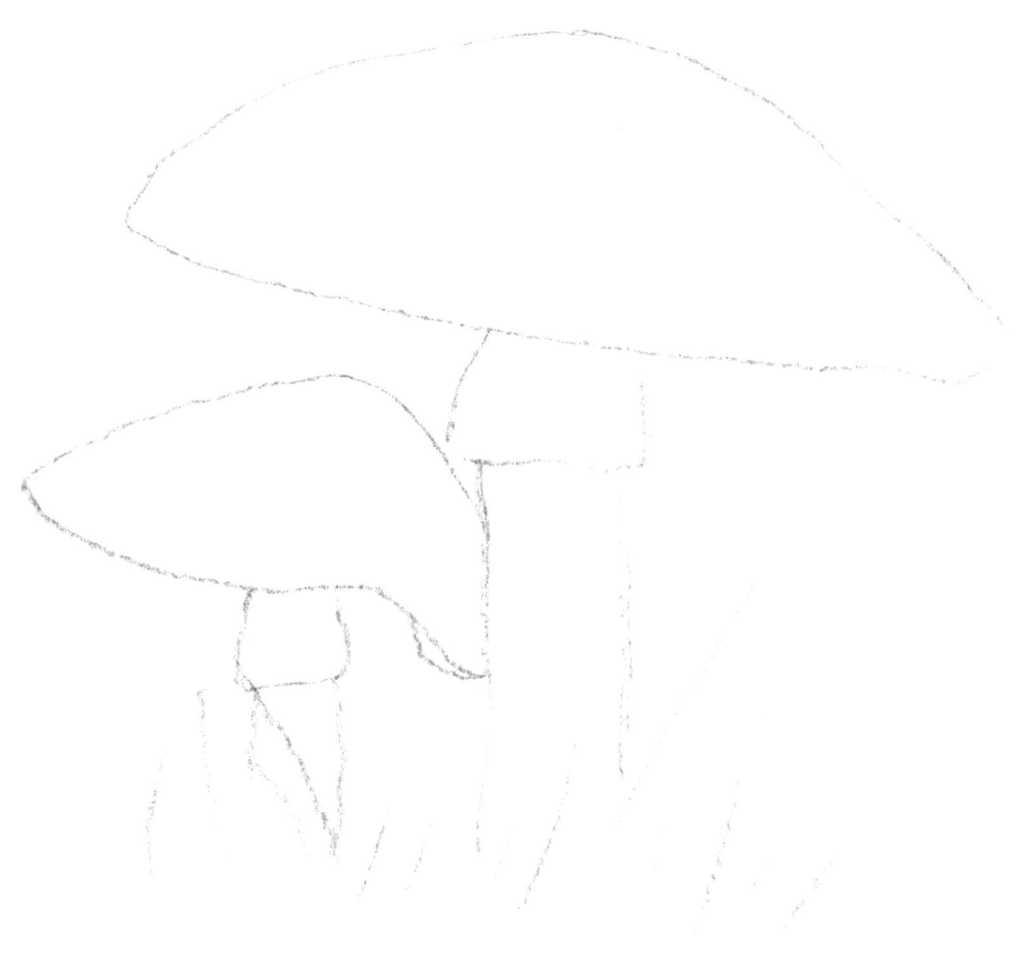

Fliegenpilz

Pilze kommen in unzähligen Variationen, Farben und Formen vor. Die roten Fliegenpilze stechen optisch hervor, sie verlocken gerade dazu, sie als dekoratives Element einzusetzen.

Warum sie also nicht malen und als hübsches Bild an die Wand hängen?!

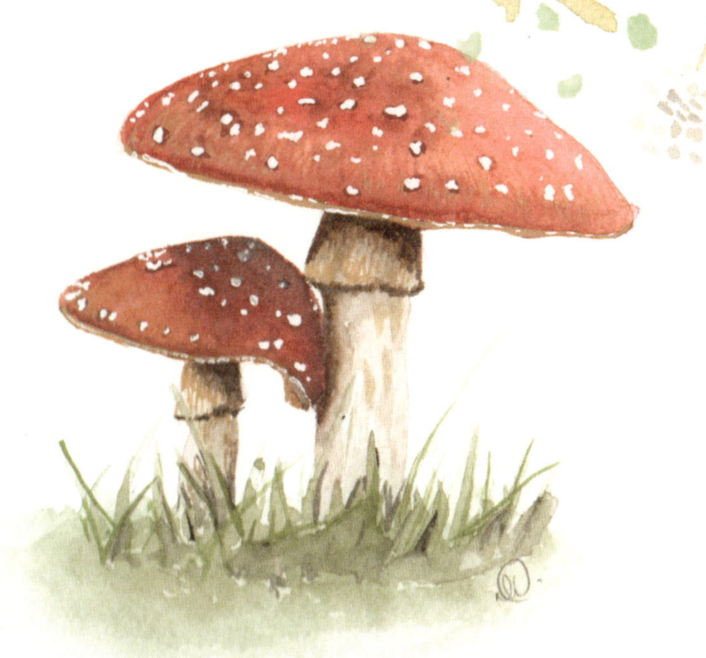

Farben

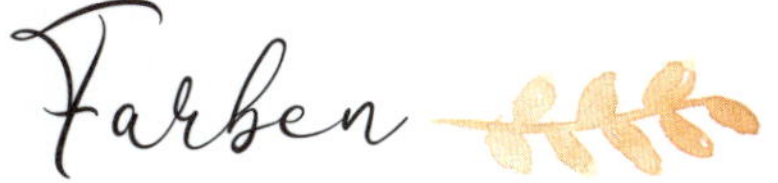

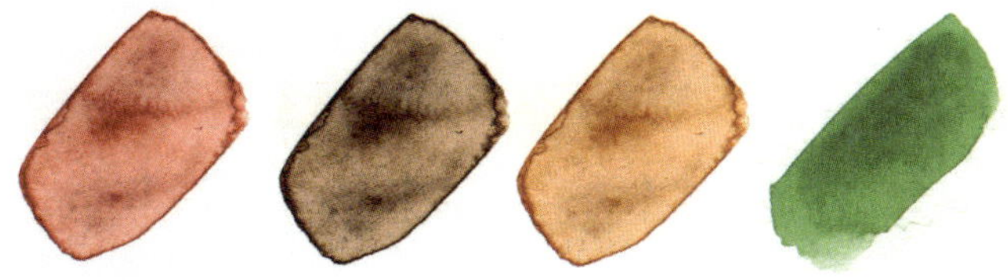

Indisch Rot   Gebrannte Umbra   Rohe Umbra   Hooker´s Dunkelgrün

Materialien

- Runder Aquarellpinsel (Größe 6)
- Detailpinsel
- 4 Aquarellfarben
- Weißer Gelstift

1. Kolorieren Sie die gesamte Fläche des „Hutes" mit Indisch Rot, beginnen Sie oben an den Spitzen. Die Farbe einige Minuten trocknen lassen.

2. Der Indisch Rot-Mischung dann einen Hauch von Gebrannte Umbra hinzufügen, den mittleren Bereich, die Kanten und die Oberseite des kleinen Pilzes schattieren.

3. Für die Stiele mischen Sie eine kleine Menge Rohe Umbra mit Wasser, bis Sie einen cremefarbenen Farbton erhalten, den Sie dann als erste Lage auf das Papier bringen. Nach dem Trocknen den Farbauftrag mit einer zweiten Schicht Rohe Umbra nachdunkeln. Die Farbe mit leichter Hand streifig von oben nach unten über das Papier ziehen.

4. Der obere Bereich des Stiels wird mit einer konzentrierten Mischung aus Rohe Umbra und Gebrannte Umbra abgedunkelt. Gebrannte Umbra für stärkere Schattierungen unter den Hüten und entlang der Kanten der oberen Stielbereiche verwenden.

5. Ist der Farbauftrag getrocknet, das Gras aus einer Mischung Hooker's Dunkelgrün und Gebrannte Umbra malen. Für die langen, dünnen Grashalme verwenden Sie einen feinen Detailpinsel.

6. Mit weißem Gelstift abschließend die für den Fliegenpilz typischen, weißen Flecken auf die Oberseite der Hütchen auftupfen.

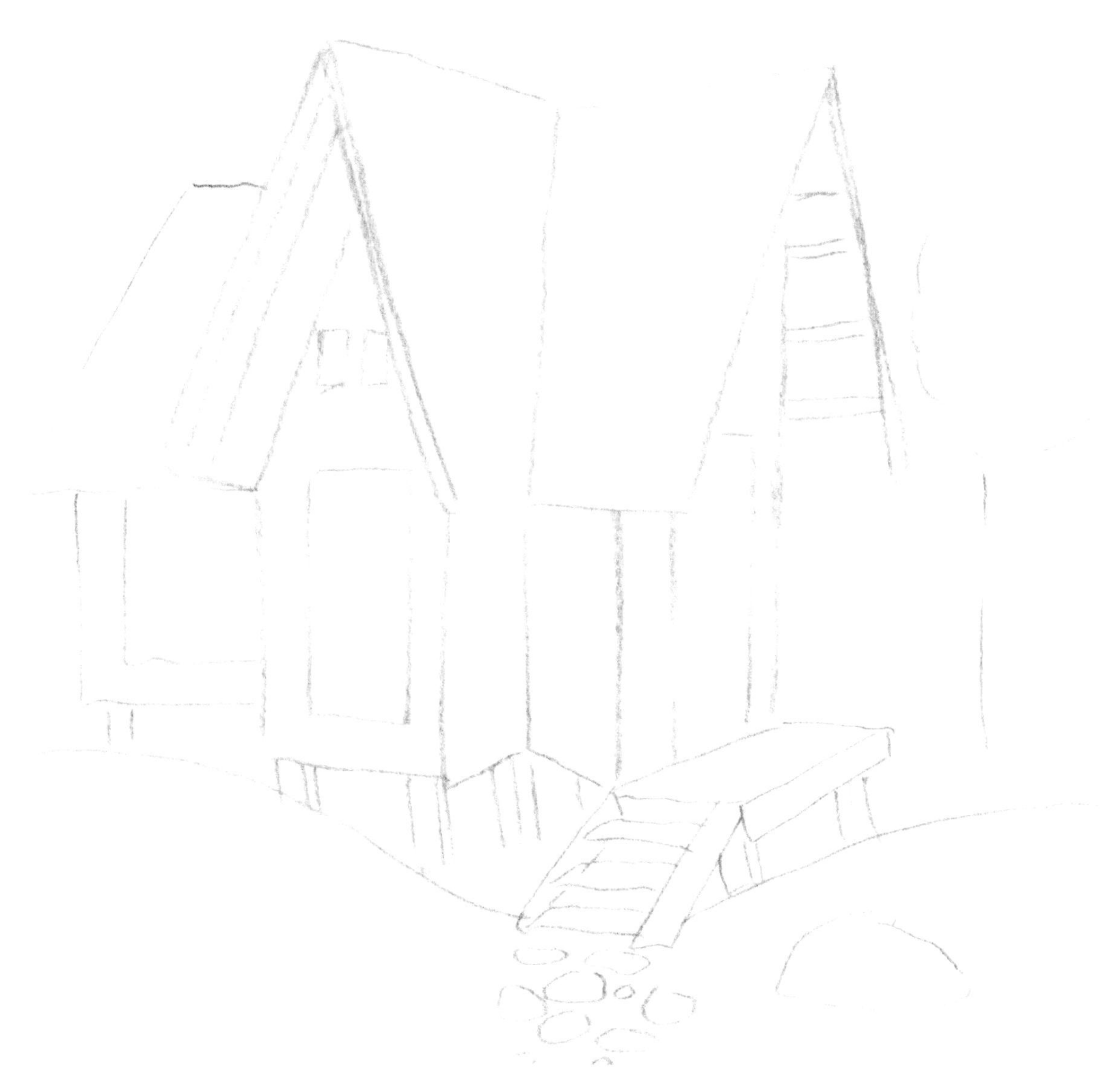

Holzhaus

Malen Sie Ihr Traumhaus im Wald, denn diese Holzhütte ist der perfekte Platz um abzuschalten und die Gedanken wandern zu lassen!

Die Bäume im Hintergrund werden mit leichter Hand gemalt und nur stilisiert angedeutet, so dass der Fokus auf das Holzhaus gerichtet wird. Sie benötigen nur wenige Farbtöne.

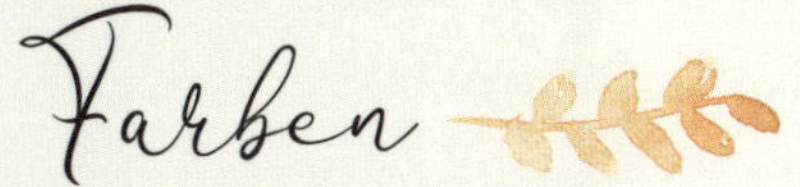

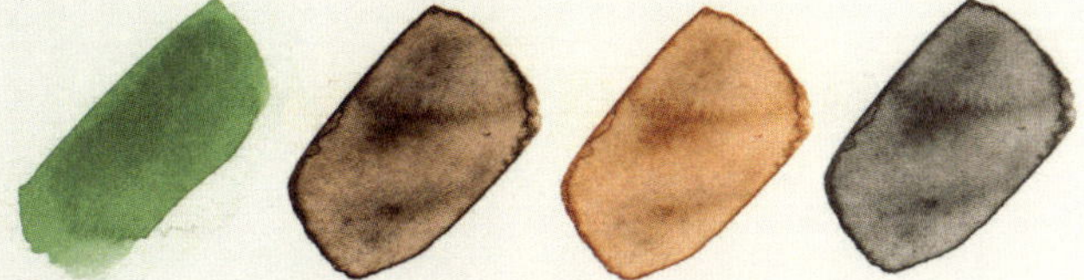

Hooker´s Dunkelgrün | Gebrannte Umbra | Rohe Umbra | Paynesgrau

Materialien

- Runder Aquarellpinsel (Größe 6)
- Detailpinsel
- 4 Aquarellfarben
- Weißer Gelstift

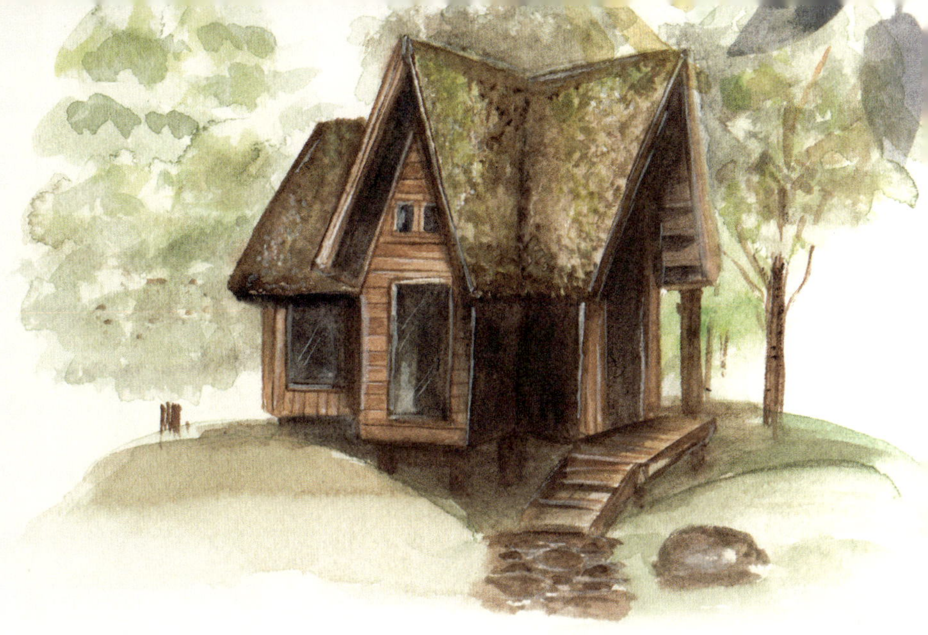

1. Malen Sie zunächst die Bäume im Hintergrund, indem Sie mit Ihrem Pinsel verschiedene Farbtöne von Hooker´s Dunkelgrün mit den Brauntönen mischen. Ergänzen Sie die Baumstämme.

2. Für das Dach im Verhältnis 1:1 Wasser und Gebrannte Umbra mischen und flächig auftragen. Die Farbe einige Minuten trocknen lassen.

3. Mit einem stärker pigmentierten Farbton Gebrannte Umbra (weniger Wasser) schatten Sie die Mittellinie zwischen mittlerem und rechtem Dach sowie dem linken Dach ab.

4. Die Hauswände und den Holzsteg mit Rohe Umbra kolorieren, die Farbe trocknen lassen.

5. Kolorieren Sie die dunkleren Bereiche mit Paynesgrau, z. B. die Unterseite des Dachs, die Fenster und die Ecke, in der die beiden Wände aufeinanderstoßen.

6. Wenn die Farbe für das Dach getrocknet ist, etwas Hooker´s Dunkelgrün auftupfen, gefolgt von Gebrannte Umbra, um einen authentischen Effekt von Moos zu kreieren.

7. Ist die Farbe für die Hauswände getrocknet, mit einem dünnen Detailpinsel die Linien der Holzpaneele an den Außenwänden ziehen. An den Fenstern und vereinzelt an den Hauskanten mit weißem Gelstift Akzente setzen.

8. Kolorieren Sie den Untergrund in Hooker´s Dunkelgrün, und schattieren Sie Details im Weggestein abwechselnd mit Braun- und Grautönen.

Farbtest

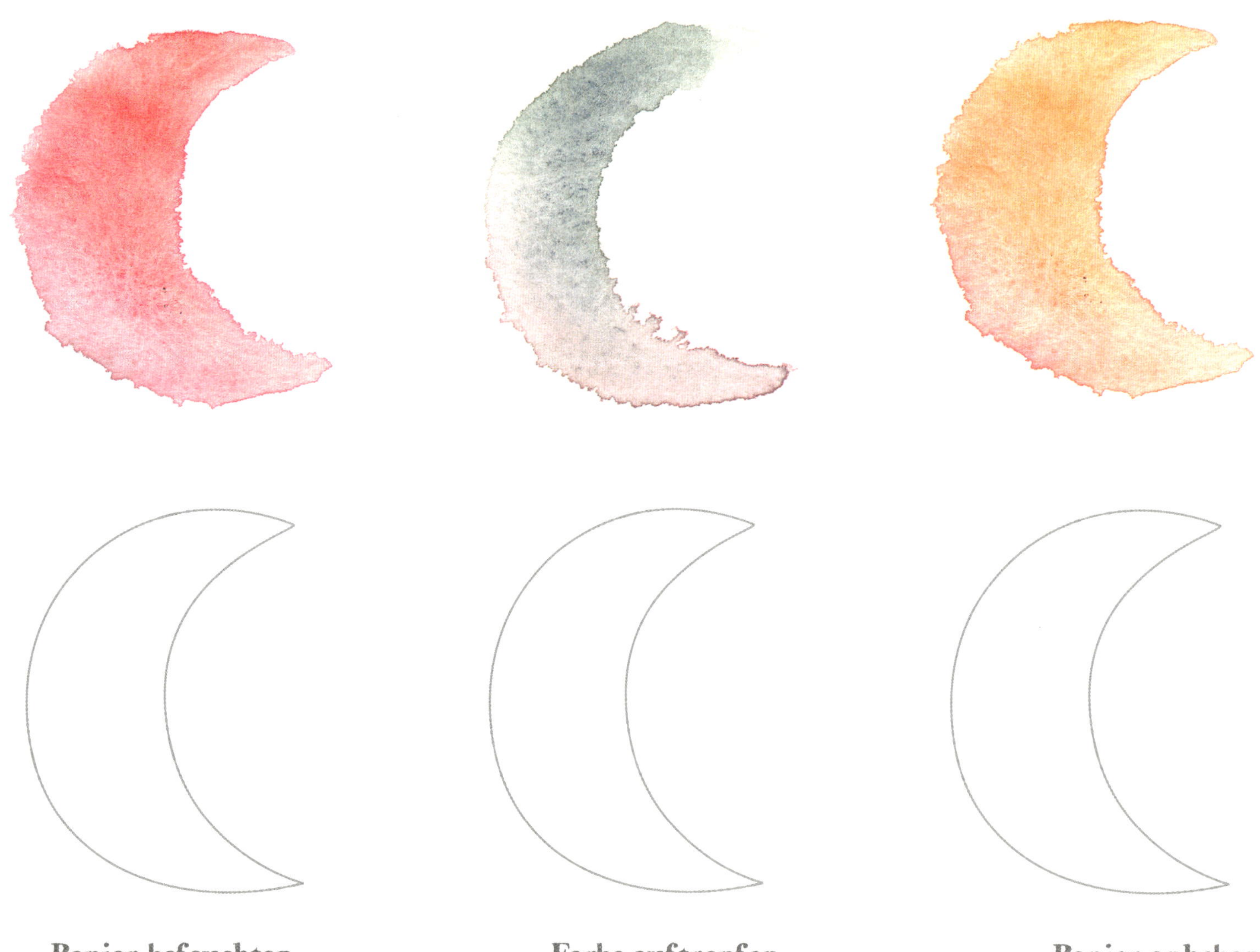

NASS-IN-NASS-TECHNIK

Bei der Nass-in-Nass-Technik wird in der Aquarellmalerei auf eine bereits nasse Oberfläche feuchte Farbe aufgetragen. Hierbei sind zwei Vorgehensweisen möglich:

- Das Papier wird mit Wasser befeuchtet, dann wird die Farbe aufgetragen.
- Auf einen nassen Farbauftrag wird nochmals feuchte Farbe gegeben.

Mit der Nass-in-Nass-Technik erhalten Sie weniger scharf abgegrenzte Resultate als beim Dry-Brush-Malen. Diese Technik ist nicht so gut kontrollierbar, Sie lassen Farbe und Wasser frei verlaufen.

Schauen Sie sich die farbigen Mondsicheln auf der gegenüberliegenden Seite an, und üben Sie die Technik auf den leeren Flächen, um ein Gefühl für die nächsten Projekte zu bekommen.

Befeuchten Sie die erste Mondsichel vollständig mit einem Pinsel und sauberem Wasser, damit das Papier glänzt. Solange das Papier noch feucht ist, geben Sie etwas Farbe auf den Pinsel und tupfen damit auf den feuchten Bereich.

Wiederholen Sie dies erneut mit einer anderen Farbe. Tupfen Sie diese auf, und beobachten Sie, wie die Farbe verläuft. Sie können den Farbverlauf im nassen Bereich mit dem Pinsel zusätzlich ein wenig lenken.

Heben Sie das Papier nun an einer Seite etwas an, so dass die Farben zusammenlaufen. Die Farbe fließt nur dorthin, wo das Papier nass ist, und nicht außerhalb dieser Grenzen.

Wenn Sie dies geübt haben, fangen Sie direkt mit dem nächsten Projekt an!

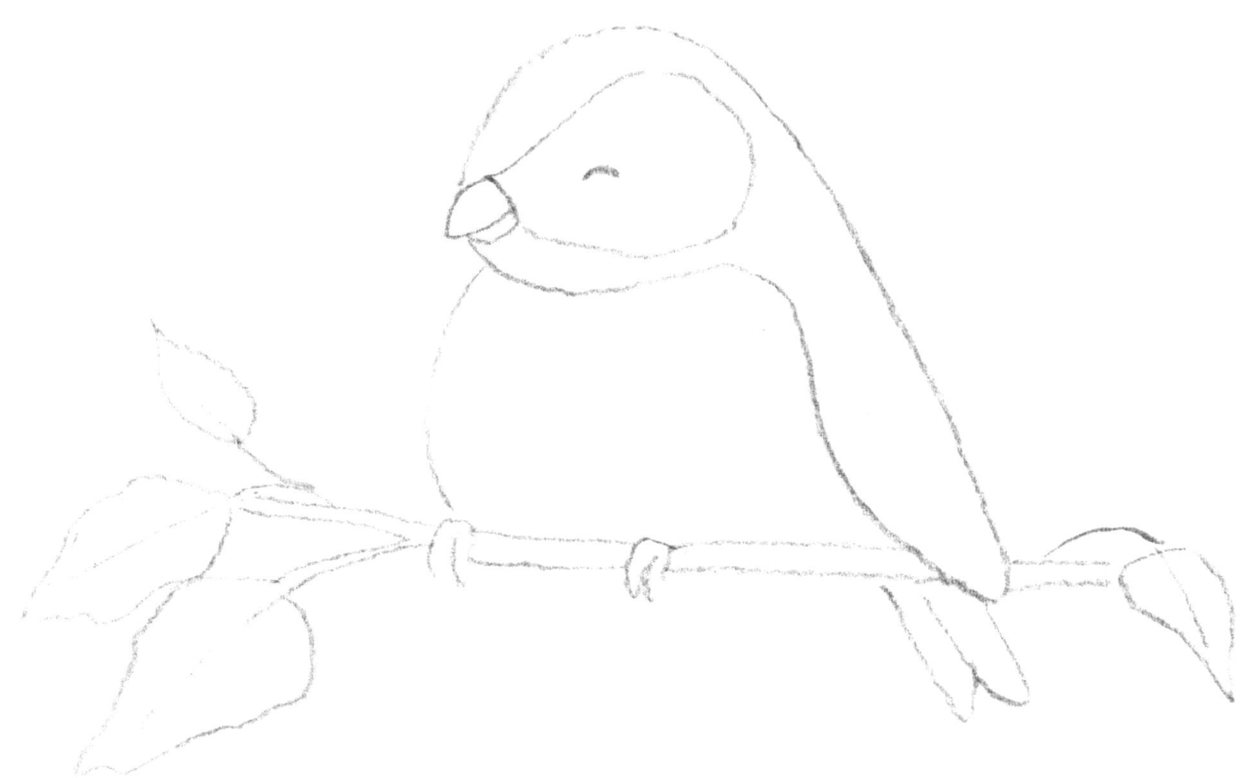

Meise

Anhand der Grundlagen, die Sie auf der vorherigen Seite geübt haben, entsteht nun diese kleine Meise, die fröhlich auf einem Ast sitzt.

Hier steuern Sie die Platzierung der Farben, indem Sie bestimmte Bereiche trocken lassen. So wird der unkontrollierte Verlauf der Farben verhindert.

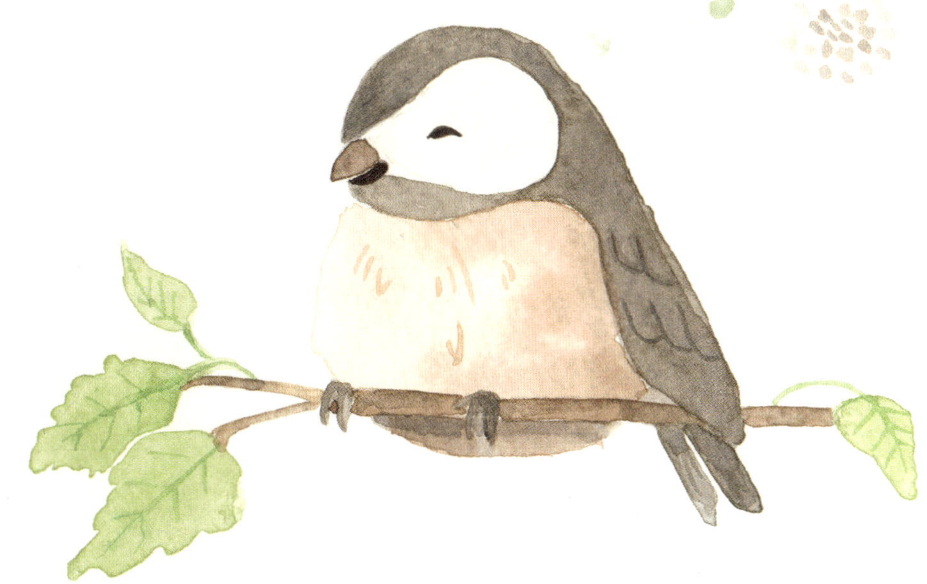

Farben

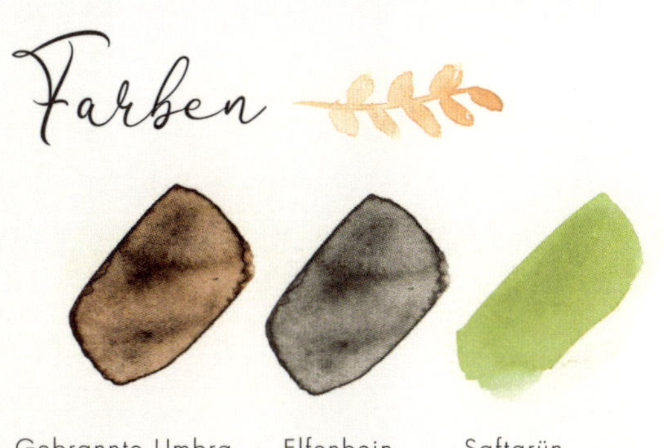

Gebrannte Umbra — Elfenbein Schwarz — Saftgrün

Materialien

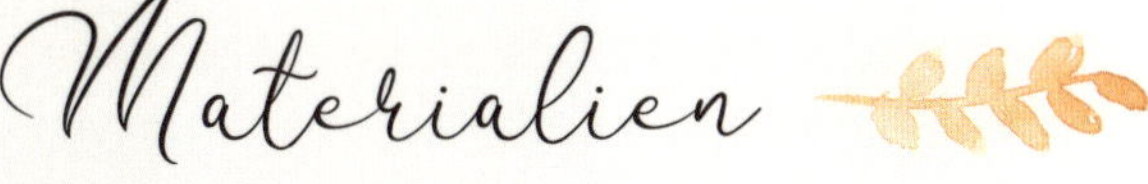

- Runder Aquarellpinsel (Größe 6)
- 3 Aquarellfarben

1. Den gesamten Bauch des Vogels mit sauberem Wasser benetzen, bis das Papier feucht, aber nicht vollkommen nass ist.

2. Eine kleine Menge verdünnte Gebrannte Umbra direkt in den feuchten Bereich des Papiers geben.

3. Fügen Sie für die dunklere (rechte) Seite des Bauches noch etwas mehr Gebrannte Umbra hinzu und lassen Sie die helleren und dunkleren Farbverläufe miteinander verschmelzen. Das ist die Magie der Nass-in-Nass-Technik!

4. Diesen Bereich einige Minuten ruhen lassen, bis er trocken ist. Dann sauberes Wasser dort auftupfen, wo der Vogel schwarz koloriert werden soll, also auf den Kopf, den Flügel und den Schwanz.

5. Geben Sie verdünntes Elfenbein Schwarz in den feuchten Bereich und lassen Sie die Farbe verlaufen. Sie können die Farbe mit dem Pinsel ein wenig lenken, so dass sie an der gewünschten Stelle bleibt.

6. Die Blätter mit Wasser benetzen, die Blattflächen mit Saftgrün füllen. Wenn alle Schichten getrocknet sind, können Sie letzte Details mit der Pinselspitze und feinen Nuancen Ihrer Mischfarben hinzufügen!

Federn

Federn eignen sich hervorragend für die Nass-in-Nass-Technik, mit der einzigartige Texturen gemalt werden können. Außerdem ergibt diese Methode ein weicheres Gesamtbild als die Dry-Brush-Technik. Für dieses Bild experimentieren Sie mit dem Vermischen von Farben. Heben Sie das Papier anschließend an einer Seite etwas an, damit der Farbverlauf das komplette Motiv ausfüllt.

Farben

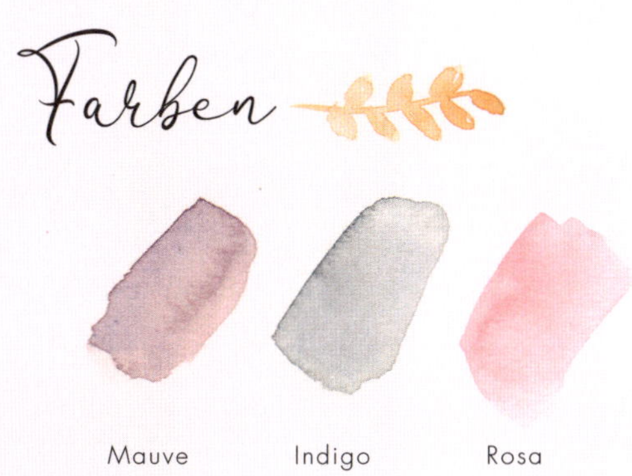

Materialien

- Runder Aquarellpinsel (Größe 6)
- 3 Aquarellfarben

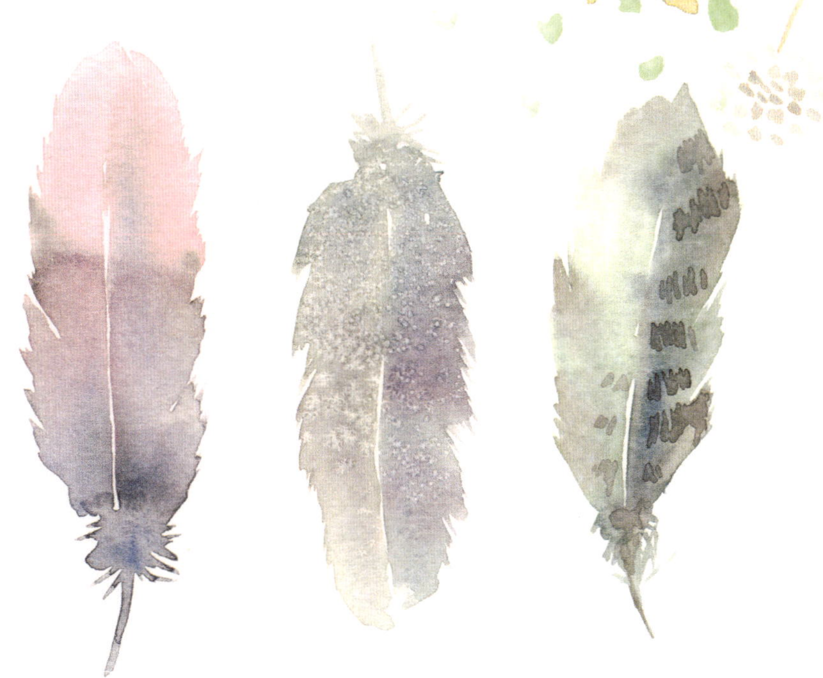

1. Befeuchten Sie jeweils die gesamte Fläche einer Feder mit sauberem Wasser. Eine kleine vertikale Fläche bzw. Linie lassen Sie in der Mitte trocken, für den Federschaft. Das Papier sollte feucht und glänzend sein.
2. Lassen Sie die Farbe Ihrer Wahl, solange sie noch feucht ist, mit einem Pinsel am unteren Rand der Feder einwirken. Dann eine andere Farbe im oberen Teil der Feder auftragen. Diese Farbe wird mit der ersten Farbe gemischt, um einen schönen Effekt zu erzielen!
3. Das Papier vorsichtig anheben, damit die Farbe bis an die Ränder der mit Wasser getränkten Bereiche fließen kann. Keine Sorge, die Farbe wird nur dort abgegeben, wo das Wasser platziert wurde!
4. Mit der feinen Pinselspitze die nasse Farbe an den Rändern leicht herausziehen, um ein gefiedertes Aussehen zu erzielen.
5. Wenn der Farbauftrag getrocknet ist, können Sie zusätzliche Details wie Punkte, Flecken und dunklere Striche hinzufügen, indem Sie stärker pigmentierte Farbmischungen verwenden. So entstehen einzigartige Dessins!

Ahornblatt

Bei diesem Ahornblatt können Sie mit dem Mischen von Farben in der Nass-in-Nass-Technik ganz nach Lust und Laune experimentieren.

Sie können außerdem die Blattadern mittels der Hebe-Technik und einem trockenen Pinsel gestalten. Diese Methode kann bei einer Vielzahl unterschiedlicher Objekte angewendet werden!

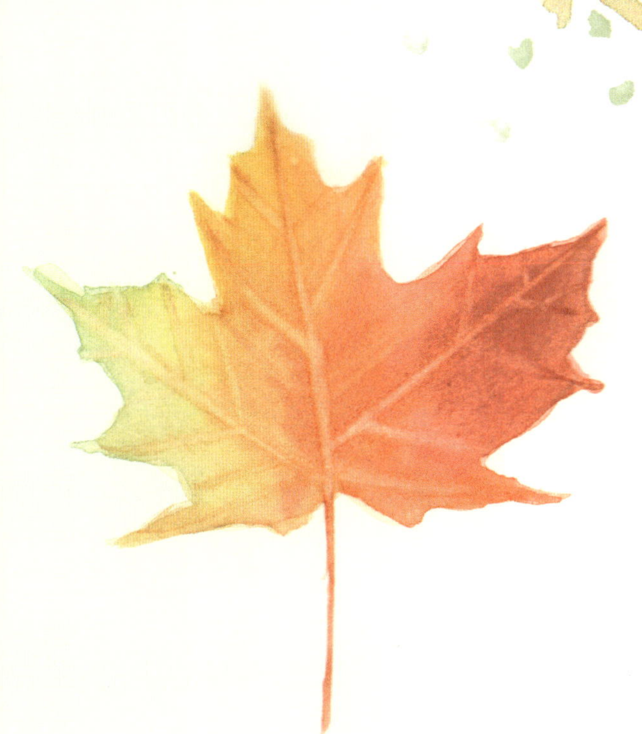

Farben

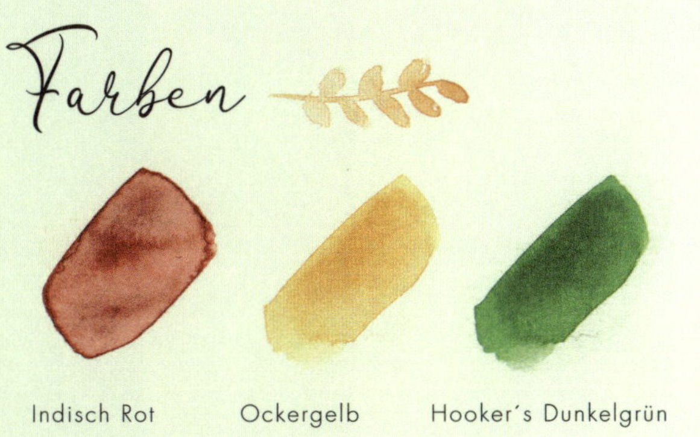

Indisch Rot   Ockergelb   Hooker´s Dunkelgrün

Materialien

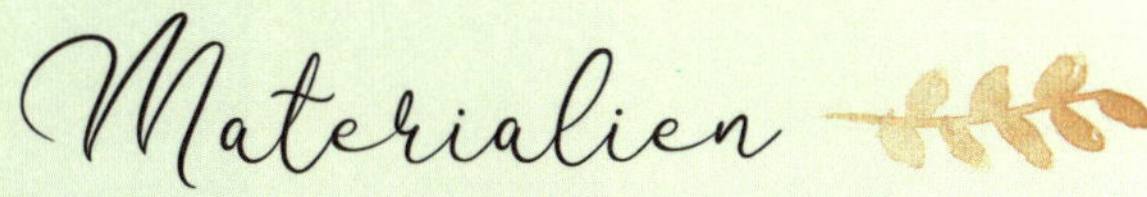

- Runder Aquarellpinsel (Größe 6)
- 3 Aquarellfarben
- Küchenkrepp

1. Befeuchten Sie die gesamte Blattform, mit Ausnahme des Stiels, mit sauberem Wasser. Das Papier sollte feucht und glänzend, aber nicht vollkommen durchnässt sein.

2. An einer Blattseite beginnen und etwas verdünntes Indisch Rot hinzugeben, gefolgt von Ockergelb in der Mitte und Hooker´s Dunkelgrün auf der gegenüberliegenden Seite.

3. Die Farben zusammenlaufen lassen. Sie können mit dem Pinsel ein wenig in die gewünschte Richtung lenken oder das Papier seitlich anheben, um den Farbverlauf zu fördern.

4. Trocknen Sie den Pinsel mit einem Papiertuch ab. Streichen Sie dann mit der Spitze des trockenen Pinsels die Blattadern in den Farbauftrag, solange dieser noch feucht ist. Möglicherweise müssen Sie den Pinsel mehrmals reinigen und trocknen, um sämtliche Blattadern freizulegen.

5. Den Stiel in einer Farbe Ihrer Wahl kolorieren.

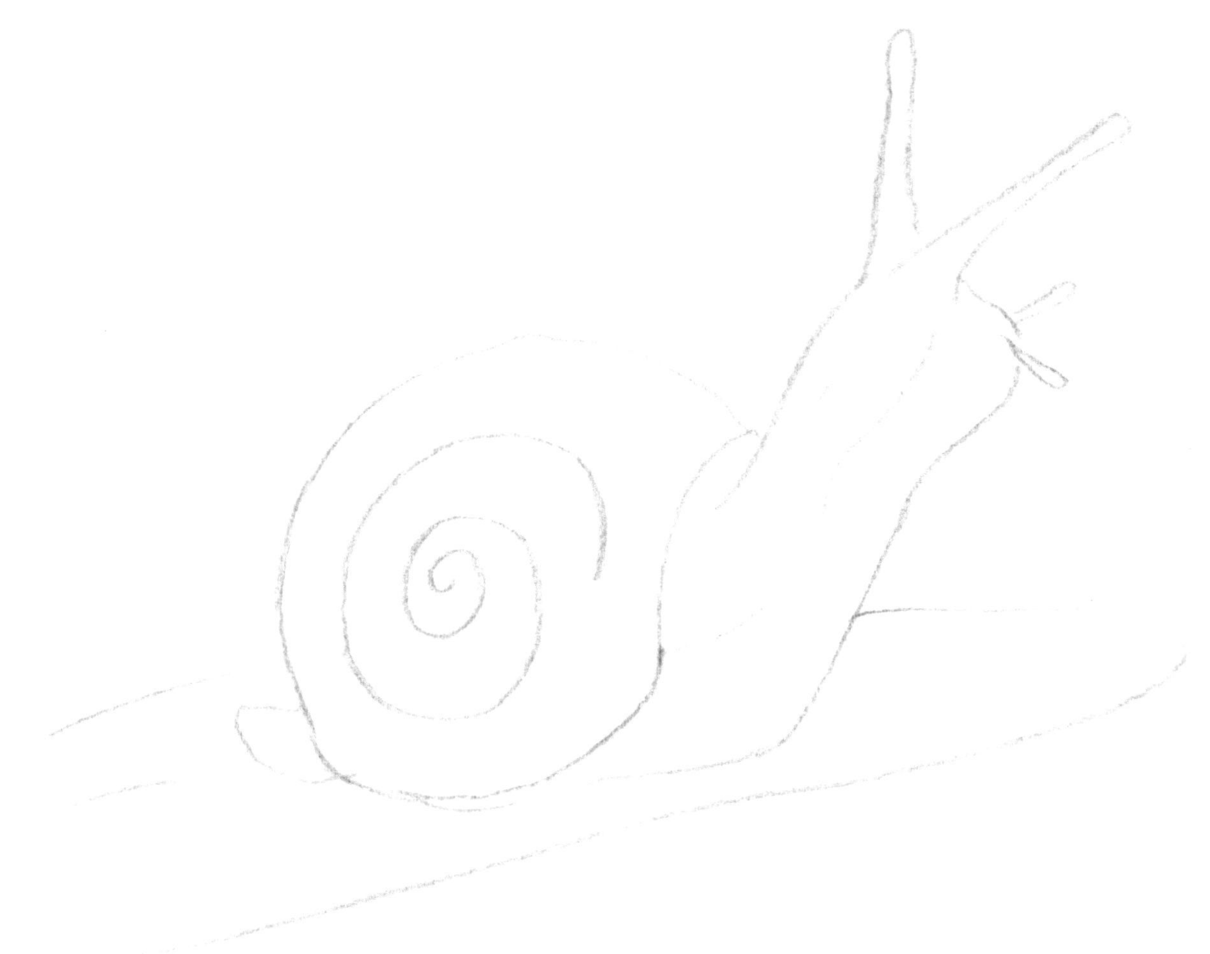

Schnecke

Langsam und stetig kommt die Schnecke in mäßigem Tempo, aber erfolgreich voran. Die spiralförmige Form der Muschel bietet reichlich Spielraum zur Gestaltung, dass es eine wahre Freude ist.

Die Grundfarben tragen Sie in der Nass-in-Nass-Technik auf, mit zarten Marmoreffekten erreichen Sie die lebendige Textur!

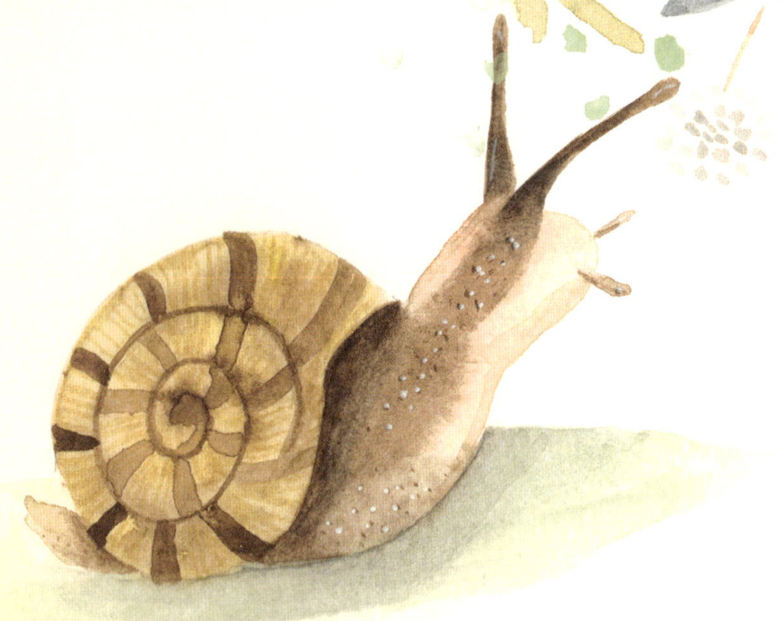

Farben

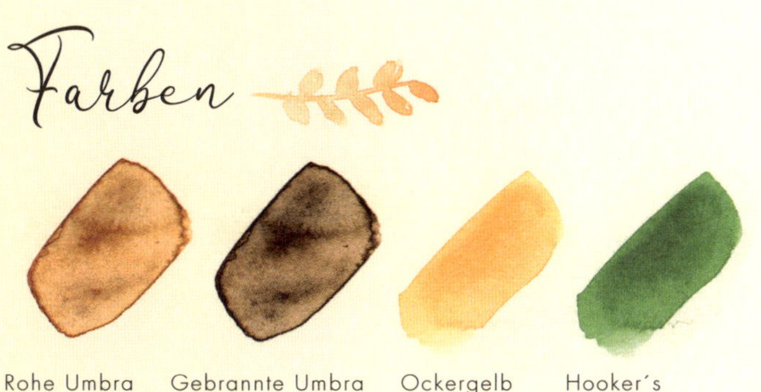

Rohe Umbra   Gebrannte Umbra   Ockergelb   Hooker´s Dunkelgrün

Materialien

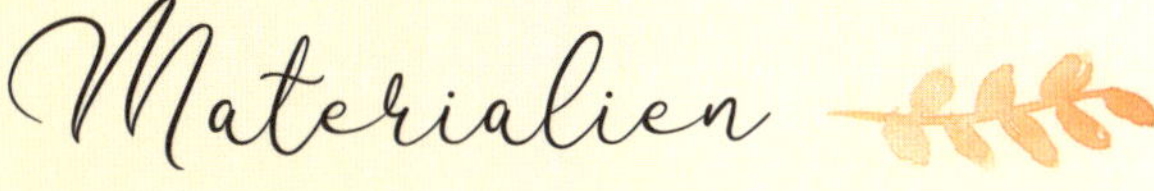

- Runder Aquarellpinsel (Größe 6)
- 4 Aquarellfarben plus Wasser
- Feiner Pinsel
- Weißer Gelstift

1. Mischen Sie zunächst im Verhältnis 1:1 Wasser und Rohe Umbra. Tragen Sie diese Verdünnung auf den weichteiligen Körper der Schnecke auf.

2. Während dieser Bereich noch feucht ist, einen Streifen Gebrannte Umbra vom Fühleransatz (Übergang Fühler-Kopf) bis zum Schneckenhaus ziehen und auslaufen lassen.

3. Den Bereich, wo der weichteilige Körper und das Schneckenhaus aufeinandertreffen, mit einem stärker pigmentierten Farbton von Gebrannte Umbra (sehr wenig Wasser) schattieren. Die Fühler dann mit der gleichen Farbe kolorieren, die Farbe in den Bereich des nassen Streifens auslaufen lassen.

4. Wenn das Bild getrocknet ist, füllen Sie das Schneckenhaus im Verhältnis 1:1 Ockergelb und Wasser. Fügen Sie der Mischung ein bisschen Rohe Umbra bei. Mit einigen Tropfen bzw. Tupfern Gebrannte Umbra erreichen Sie punktuelle Effekte. Lassen Sie den Farbauftrag vollständig trocknen.

5. Mit einem feinen Pinsel und Gebrannte Umbra die spiralförmige Linie auf dem Schneckenhaus malen. Diese Spirale dann mit einem leichten Farbauftrag Gebrannte Umbra als Basis kolorieren und anschließend dickere Querstreifen innerhalb der Spirale anbringen.

6. Ist der Farbauftrag vollständig getrocknet, bringen Sie mit einem weißen Gelstift kleine Punkte auf dem weichteiligen Körper als Textur an. Das Blatt, auf dem die Schnecke kriecht, mit einer Verdünnung Hooker´s Dunkelgrün füllen.

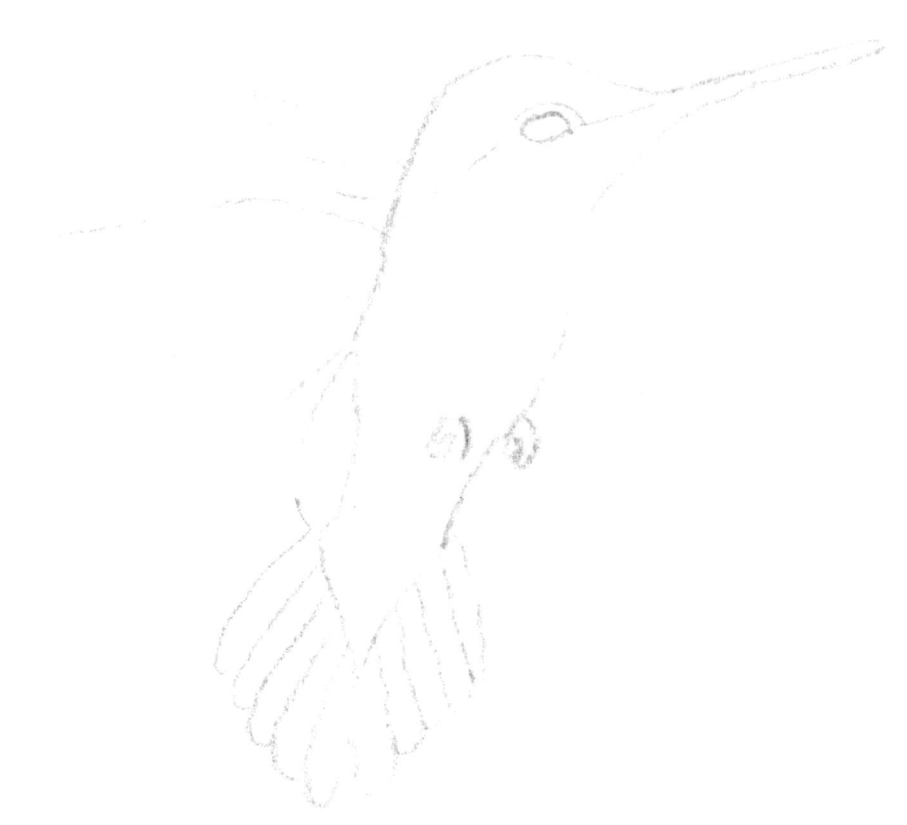

Kolibri

Dank der zarten Farben seines Gefieders wirkt dieser Kolibri besonders leicht und quirlig. Eine Mischung aus Indigo und Hooker´s Dunkelgrün ergibt einen gedämpften Farbton, der sich für die Kopf- und Schwanzfedern anbietet und mit dem zarten Pfirsichfarbton aus Gebrannte Siena und einem Hauch Indisch Rot (plus viel Wasser) hervorragend korrespondiert.

Die Flügel, aus einer stark verwässerten Version der Farbmischung für Kopf- und Schwanzfedern, wirken geradezu transparent und betonen die Geschwindigkeit des Flügelschlags.

Farben

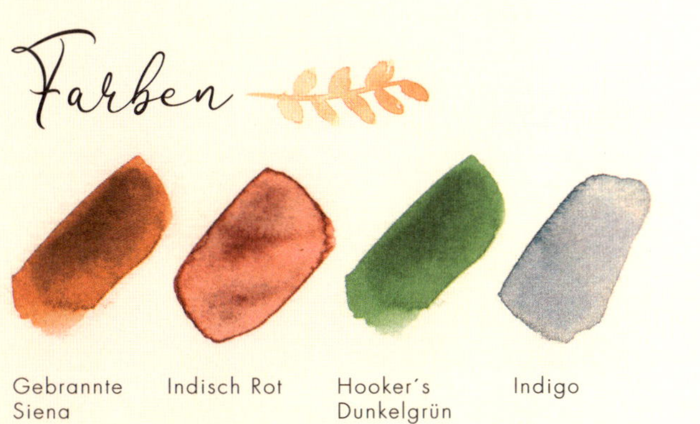

Gebrannte Siena — Indisch Rot — Hooker´s Dunkelgrün — Indigo

Materialien

- Runder Aquarellpinsel (Größe 6)
- 4 Aquarellfarben

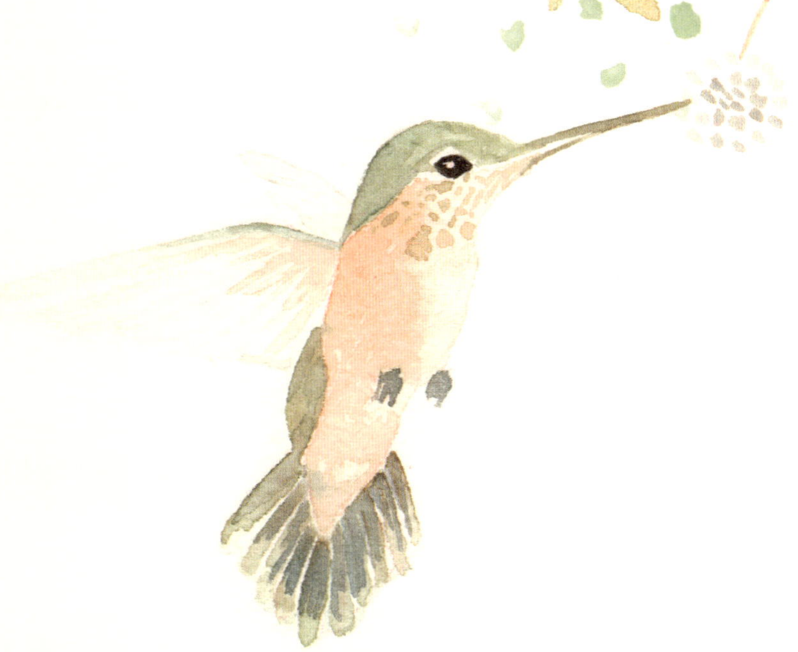

1. Kolorieren Sie den gesamten Körperbereich des Vogels mit sauberem Wasser, bis das Papier glänzt. Einen Hauch des gemischten Pfirsichfarbtons (Gebrannte Siena und Indisch Rot) in diesen feuchten Bereich geben und die Farbe verlaufen lassen.

2. Verwenden Sie einen etwas dunkleren Ton derselben Pfirsichfarbe (weniger Wasser), um den Körper seitlich links abzugrenzen.

3. Den Farbauftrag einige Minuten trocknen lassen. Bei den Kopf- und Schwanzfedern ebenso vorgehen. Befeuchten Sie das Papier zuerst und verstreichen Sie dann eine Mischung von Hooker´s Dunkelgrün und Indigo. Mit leichter Hand und nur mit der Pinselspitze den Schnabel seitlich nach rechts aus dem Farbauftrag herausziehen.

4. Für die Flügel mischen Sie einen sehr hellen, fast durchsichtigen Farbton aus Indigo und Wasser, den Sie mit dem Pinsel in schneller Bewegung von oben nach unten über die Flügel streichen.

5. Punktuell etwas von dem Pfirsichfarbton als zusätzliche Details auf den Kopf und Hals geben und mit der blaugrünen Farbmischung Augapfel und Krallen ergänzen.

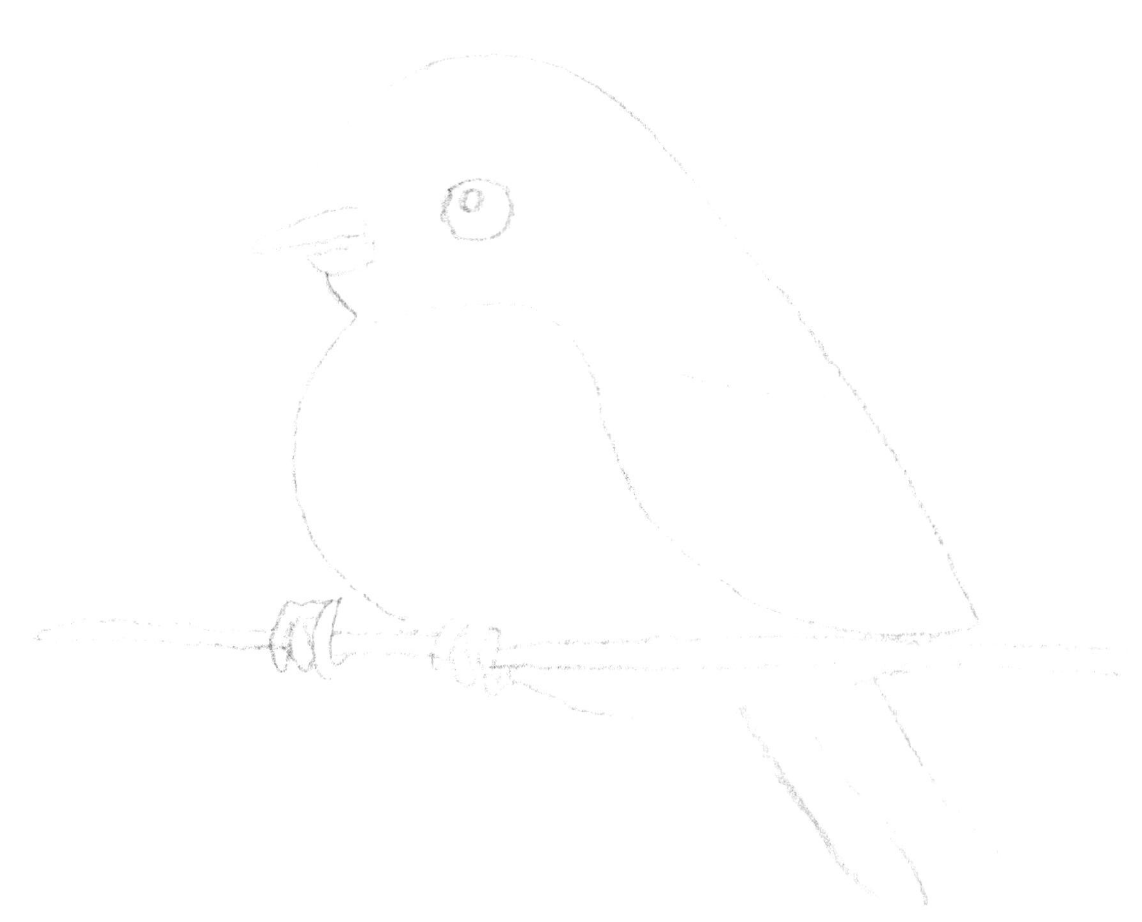

Drossel

Diese süße, kleine Drossel wird mit matter, eher blasswässriger Farben gemalt. Den Pfirsichfarbton erreichen Sie durch das Mischen von Indisch Rot mit Gebrannte Siena und viel Wasser. Die Basisschicht wird in der Nass-in-Nass-Technik aufgebracht, während die letzte Schicht mit der Dry-Brush-Technik ausgeführt wird, um Details hinzuzufügen. Für den Augapfel und den Schnabel können Sie einen schwarzen Tuschestift verwenden.

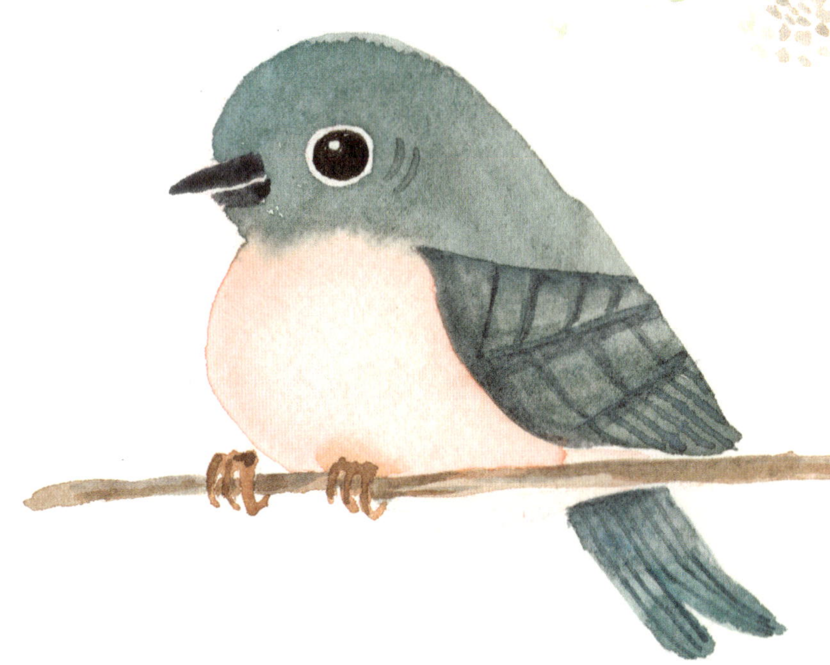

Farben

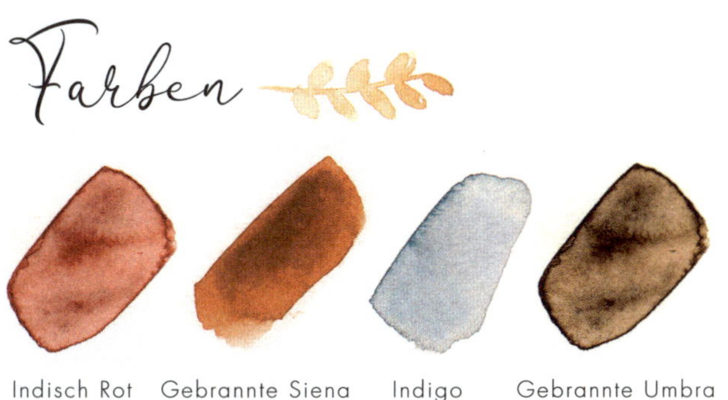

Indisch Rot Gebrannte Siena Indigo Gebrannte Umbra

Materialien

- Runder Aquarellpinsel (Größe 6)
- 4 Aquarellfarben
- Schwarzer Tuschestift

1. Den gesamten Körper des Vogels mit Wasser kolorieren, damit das Papier ausreichend befeuchtet ist und glänzt.

2. Geben Sie eine kleine Menge der Pfirsichmischung aus Gebrannte Siena und Indisch Rot auf den Bauchbereich.

3. Bevor der Pfirsichfarbton vollständig trocknet, Indigo im Kopfbereich hinzufügen, die Flügel bleiben noch ausgespart. Achten Sie darauf, die Augenpartie trocken zu lassen. Die jeweiligen Farbtöne sollten sich dort vermischen, wo sie unter dem Hals aufeinandertreffen.

4. Sobald die erste Schicht getrocknet ist, den verbleibenden Flügelbereich und den Schwanz erneut befeuchten und hier noch einmal etwas Indigo auftragen.

5. Lassen Sie die Farbe einige Minuten trocknen, bevor Sie die Linien und Details der Flügel und Schwanzfedern mit einem stärker pigmentierten Indigo-Mix anbringen. Den Schnabel in der gleichen Farbe kolorieren.

6. Mit Gebrannte Umbra ergänzen Sie den Zweig, mit Gebrannte Siena fügen Sie die Krallen hinzu. Für den Augapfel einen schwarzen Tuschestift verwenden.

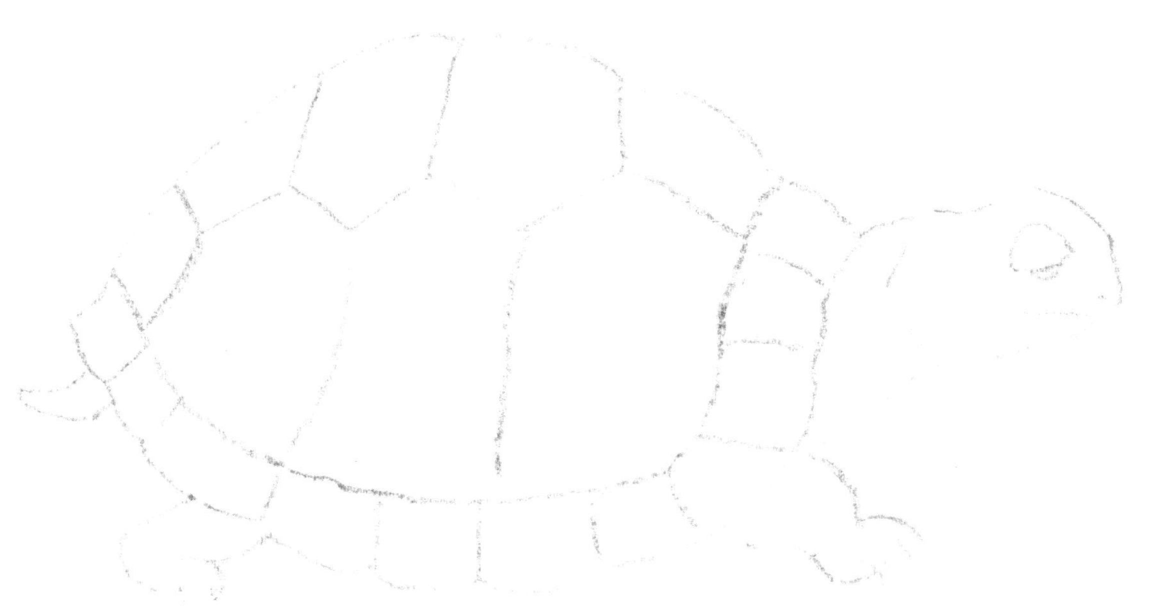

Schildkröte

Der Panzer einer Schildkröte hat viele Farbnuancen und Details in der Textur. Sie haben also die Möglichkeit, Ihrer Schildköte ein ganz individuelles Aussehen zu verschaffen. Und Sie wissen vorher nie, welche wundervollen Effekte Sie erzielen, indem Sie die unterschiedlichen Farben in feuchte Bereiche tupfen oder streichen. Lassen Sie dem Zufall also ruhig seinen Lauf!

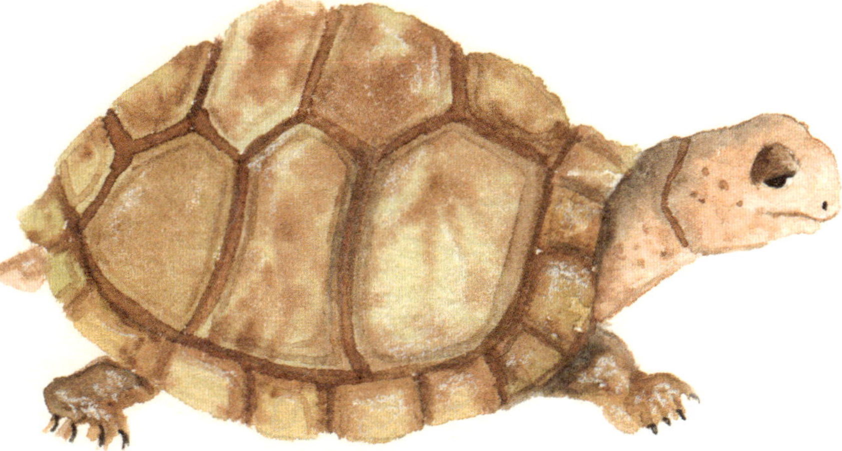

Farben

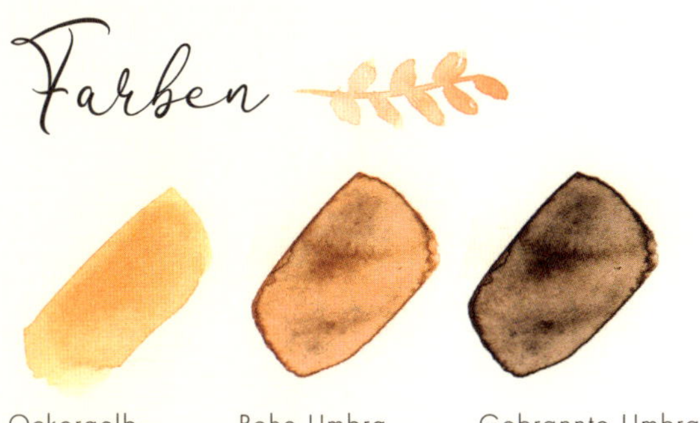

Ockergelb Rohe Umbra Gebrannte Umbra

Materialien

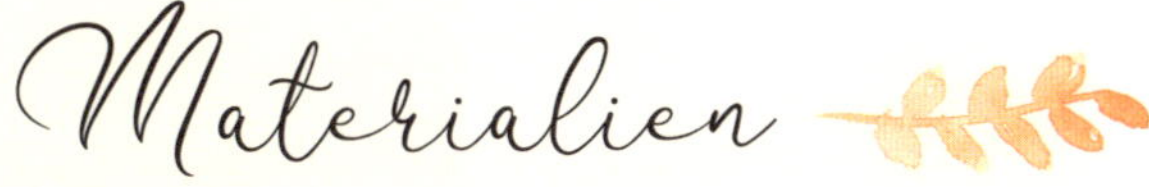

- Runder Aquarellpinsel (Größe 6)
- Detailpinsel
- 3 Aquarellfarben

1. Befeuchten Sie jedes einzelne Feld des Panzers, so dass das Papier feucht glänzend ist. Achten Sie dabei darauf, dass zwischen den Abschnitten schmale, trockene Bereiche auf dem Papier bestehen bleiben. So vermeiden Sie, dass die Farbe unbeabsichtigt in Bereiche fließt, wo Sie gerade arbeiten.

2. Tupfen Sie etwas Ockergelb in jedes feuchte Feld. Fügen Sie dann vorsichtig einzelne Tupfen Rohe Umbra hinzu. Gehen Sie so behutsam vor, als würden Sie für jeden Tropfen eine Spritze verwenden. Mit der Pinselspitze können Sie die Farbe verwischen.

3. Sobald diese Farbschicht trocken ist, mit der Pinselspitze und mit Gebrannte Umbra um jedes Feld auf dem Panzer eine feine Kontur ziehen.

4. Befeuchten Sie den Kopfbereich, und geben Sie eine wässrige Mischung aus Rohe Umbra und Ockergelb hinzu. Mit Gebrannte Umbra den Hals und den Panzer schattieren, ebenso die Beine und den Schwanz.

5. Abschließend die Details mit einem dünnen Pinsel und Gebrannte Umbra auf Gesicht, Füße und Krallen aufbringen.

Eichhörnchen

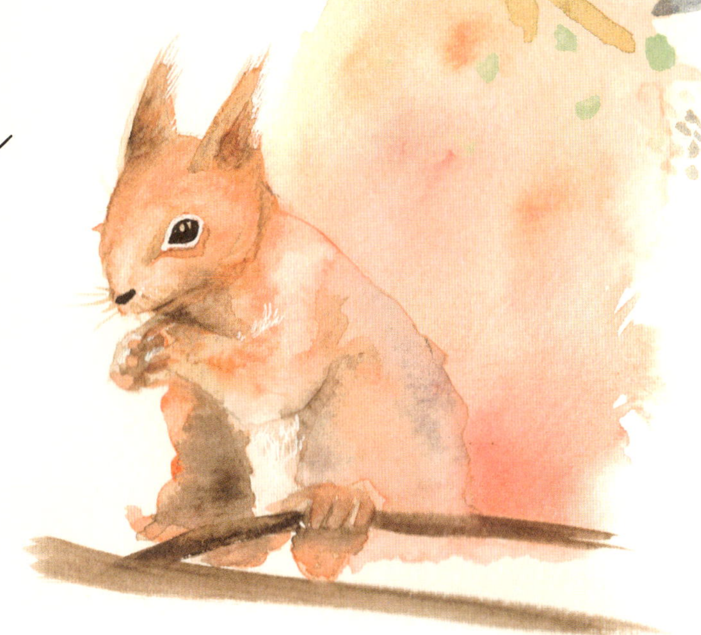

Bei diesem kessen Eichhörnchen malen Sie zuerst den buschigen Schwanz und dann den Körper. Um die Form des Eichhörnchens realistisch zu gestalten, sind verschiedene Farbmischungen und der schichtweise Farbauftrag wichtig.

Durch Ergänzung einer eher ungewöhnlichen Farbe wie Mauve entsteht ein spannungsvoller Effekt.

Farben

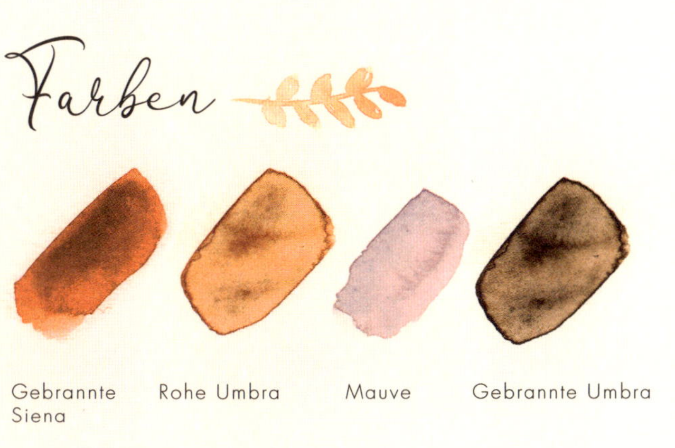

Materialien

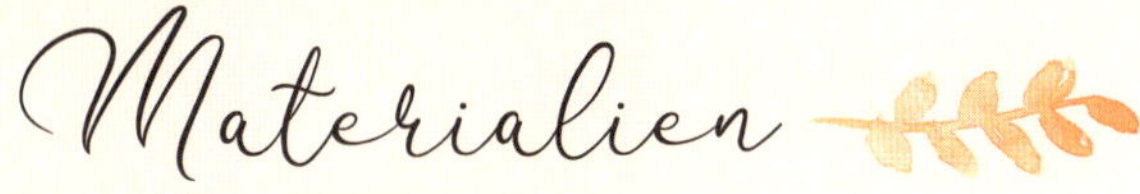

- Runder Aquarellpinsel (Größen 10 + 6)
- 4 Aquarellfarben
- Feiner Tuschestift

1. Umreißen Sie zunächst mit sauberem Wasser und einem großen Pinsel die Form des Schwanzes auf dem Papier. Das muss nicht perfekt sein!

2. Gebrannte Siena, Rohe Umbra und Mauve auf die nasse Oberfläche geben und die Farben untereinander verlaufen lassen.

3. Warten Sie einige Minuten, bis der Schwanz vollkommen trocken ist. Dann den Körper des Eichhörnchens mit Wasser befeuchten. Lassen Sie dabei den weißen Bauchbereich und die Augenpartien trocken. Etwas Rohe Umbra, Gebrannte Siena und Gebrannte Umbra auf die feuchten Bereiche tropfen. Versuchen Sie, die dunkleren Töne in Bereichen zu konzentrieren, in denen sich Schatten bilden würden, z. B. am linken Bein.

4. Während das Papier trocknet, können Sie mit einem schmaleren Pinsel Hals, Pfoten, Arme, Füße und Ohren malen. Schattieren Sie diese Bereiche mit Gebrannte Umbra, um dunklere Stellen und Konturen zu erzeugen.

5. Die Pinselspitze mit kurzen Bewegungen über die Ohren ziehen, um das Fell zu imitieren.

6. Ist der Farbauftrag getrocknet, die Pfoten, das Gesicht, die Ohren und die Beine mit weiteren Lagen leichter Farbmischungen gestalten, bis Sie mit dem Resultat zufrieden sind.

7. Die Details der Augen und Nase abschließend mit einem schwarzen Tuschestift hinzufügen.

Herbstblätter

Diese farbenfrohen Herbstblätter malen Sie auf ähnliche Art und Weise wie das Ahornblatt (Seite 43). Anstatt vollständig mit verdünnter Farbe zu arbeiten, lassen Sie den Farbauftrag hier jedoch trocknen und fügen dann die Blattadern hinzu.

Die Farbpalette reicht von Grün bis zu herbstlichen Rottönen, die Gestaltungsmöglichkeiten sind tatsächlich endlos!

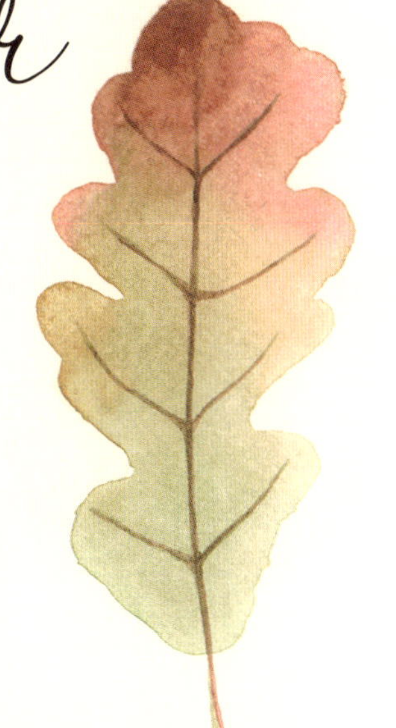

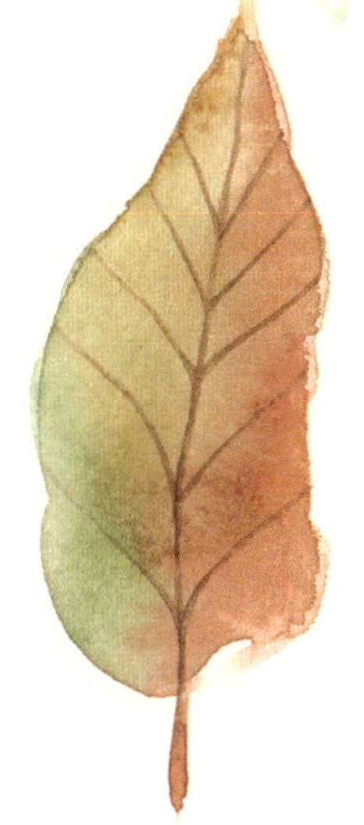

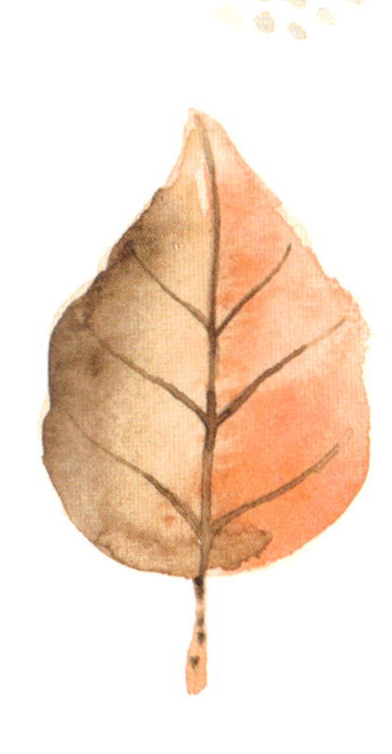

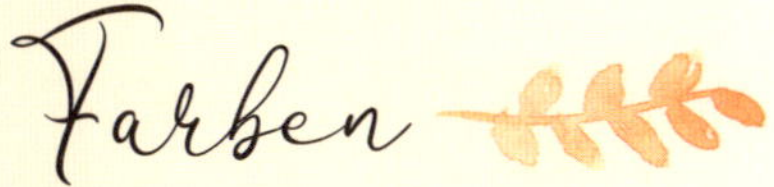

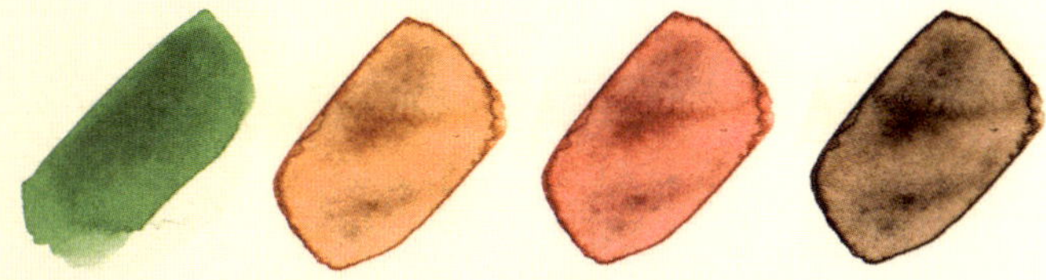

Hooker's Dunkelgrün | Rohe Umbra | Indisch Rot | Gebrannte Umbra

Materialien

- Runder Aquarellpinsel (Größe 6)
- Detailpinsel
- 4 Aquarellfarben

1. Das erste Blatt mit einer Verdünnung von Hooker's Dunkelgrün kolorieren. Das Papier sollte sichtbar feucht sein, damit die folgenden Farben gut ineinander verlaufen können.

2. Geben Sie eine zweite Farbe Ihrer Wahl hinzu, und lassen Sie diese mit dem Grünton ineinander verlaufen. Dann eine dritte Farbe hinzufügen. In dieser Weise fortfahren, bis Sie mit dem Resultat zufrieden sind. Sie können die Farben auch mithilfe des Pinsels zusammenführen oder das Papier leicht anheben, um den Prozess zu beschleunigen.

3. Malen Sie das zweite Blatt, während Sie darauf warten, dass das erste vollständig getrocknet ist. Das Blatt in der gleichen Technik mit einer Farbe Ihrer Wahl kolorieren, darauf achten, dass das Blatt sichtbar nass ist. Weitere Farben hinzugeben, so dass alle Farben ineinander verlaufen.

4. Beim dritten Blatt gehen Sie genauso vor. Wenn alle drei Blätter vollständig getrocknet sind, malen Sie die Blattadern und den Stiel mit Gebrannten Umbra und einem feinen Detailpinsel. Üben Sie mit dem Pinsel nur leichten Druck aus, und ziehen Sie mit der feinen Pinselspitze nur dünne, detaillierte Linien.

Heckenrose

Diese Blumen sind in einem sehr lockeren Stil gehalten, machen Sie sich also keine Gedanken über Details oder perfekte Formen. Stattdessen werden die Formen durch die Farben gestaltet. Wenn Sie mit leichter Hand arbeiten, fällt es Ihnen leichter, die Farbe spontan und weniger kontrolliert aufzutragen. Lassen Sie die Kanten verlaufen und die Farben ineinander übergehen.

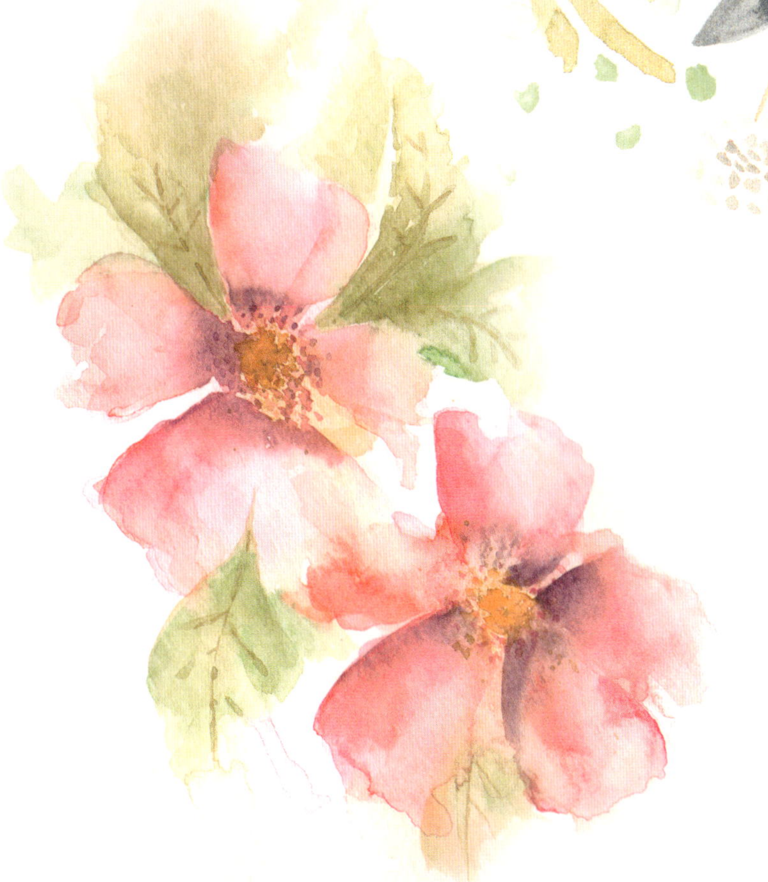

Farben

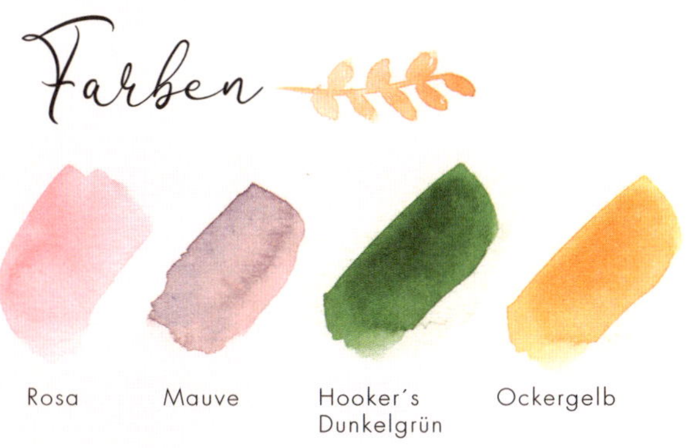

Materialien

- Aquarellpinsel (Größe 12)
- Aquarellpinsel (Größe 3)
- 4 Aquarellfarben

1. Verwenden Sie die skizzierten Umrisse nur als Richtlinie und tüpfeln Sie sauberes Wasser auf die Blütenblätter, um das Papier zu befeuchten. Es sollte glänzend und sichtbar nass sein.

2. Rosa und Mauve auf die nassen Blütenblätter geben. Fügen Sie dann etwas dunkleres Mauve (weniger Wasser) jeweils in der Mitte der Blütenblätter hinzu und lassen Sie die Farben zusammenlaufen.

3. Die Blätter ebenfalls mit leichter Hand aus einer Mischung Hooker´s Dunkelgrün und Ockergelb malen. Das Papier wird vorher nicht benetzt! Machen Sie sich keine Sorgen, wenn die Farben der Blütenblätter ineinanderlaufen! Mit etwas klarem Wasser und einem sauberen Pinsel können Sie die Kanten der Blätter abmildern.

4. Geben Sie etwas Ockergelb jeweils in die Mitte der Blüten. Abschließend die Blütenpollen und Blattadern mit etwas stärker pigmentiertem Hooker´s Dunkelgrün malen.

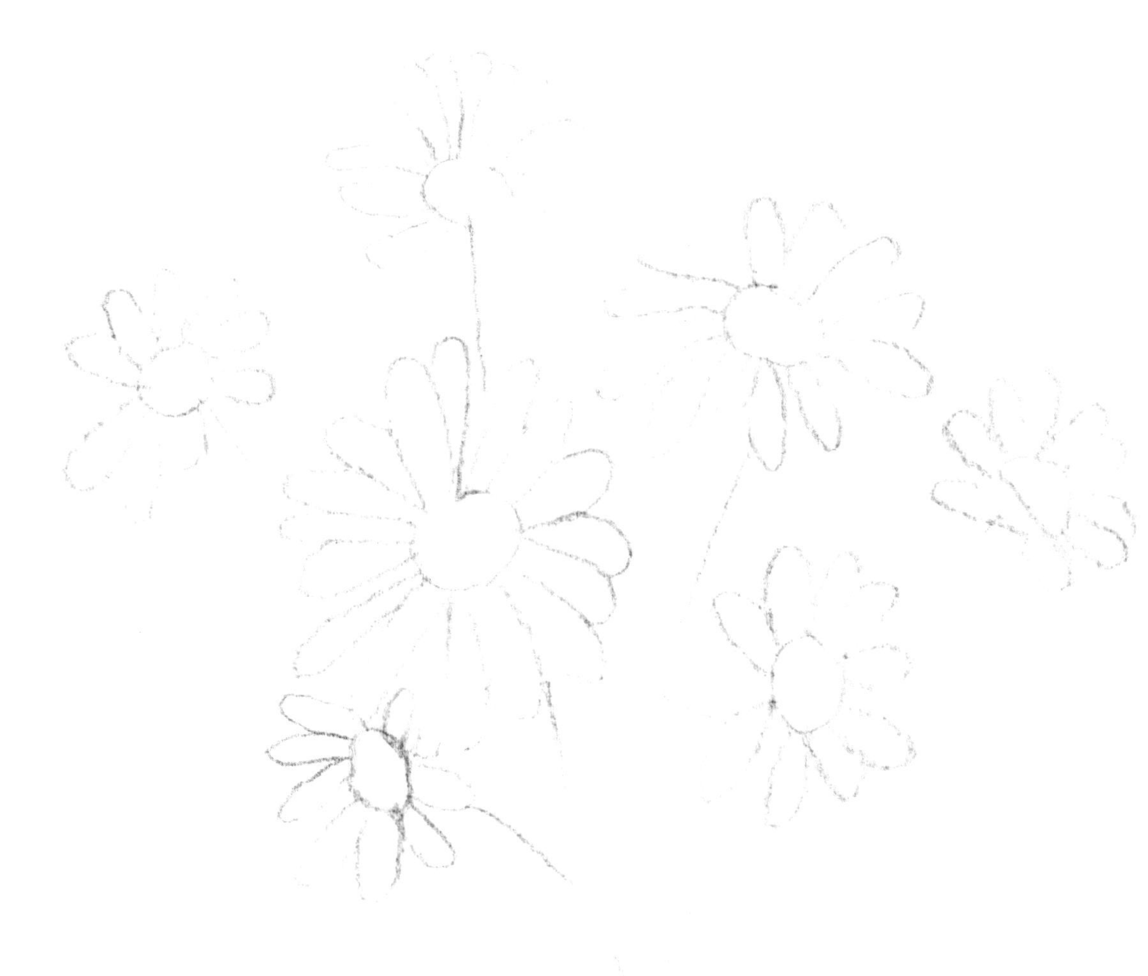

Margeriten

Bei diesem Bild benötigen Sie Maskierungsflüssigkeit bzw. Masking Fluid. Masking Fluid ist eine flüssige Latexlösung, die Sie auf sämtliche Bereiche auftragen, die frei von Farbe bleiben sollen. Die Maskierung lässt sich ganz einfach wieder ablösen, wenn der Farbauftrag getrocknet ist. Dann wird das weiße Papier darunter wieder sichtbar. Tragen Sie die Maskierungsflüssigkeit mit einem alten Pinsel oder einem Masking Fluid Pen auf.

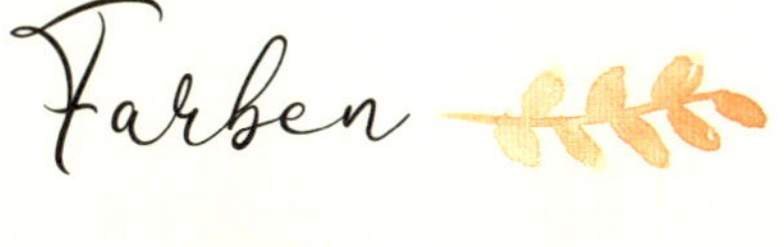

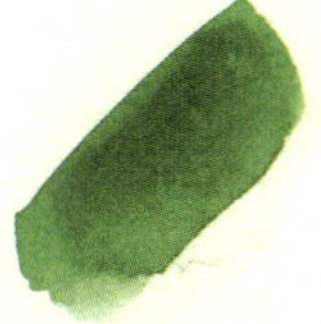

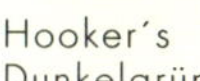

Hooker´s Dunkelgrün | Mittelgelb | Ockergelb

Materialien

- Aquarellpinsel (Größe 10)
- Maskierungsflüssigkeit
- Radiergummi
- 3 Aquarellfarben

1. Alle weißen Blütenblätter der Margerite mit Maskierungsflüssigkeit kolorieren. Lassen Sie den Auftrag vollständig trocknen, bevor Sie mit dem Farbauftrag beginnen.

2. Das Papier vollständig mit Wasser befeuchten und Sie Hooker´s Dunkelgrün auf den nassen Untergrund tropfen lassen. Um unterschiedliche Farbnuancen zu erhalten, Gelb in den grünen Ton mischen.

3. Ziehen Sie den Pinsel durch die nasse Farbe, um einen Effekt zu erzielen, also ob einige Blätter über die Ränder herausragen.

4. Punktuell etwas Mittelgelb in den grünen Hintergrund geben, um weitere Blüten anzudeuten.

5. Lassen Sie den Farbauftrag circa eine halbe Stunde lang vollständig trocknen. Dann die Maskierungsflüssigkeit mithilfe eines Radiergummis entfernen, um die weißen Blütenblätter freizulegen.

6. Die Blütenpollen tupfen Sie mit Ockergelb auf, die Stiele deuten Sie mit der grünen Farbmischung in Linien an. Ist die ockergelbe Farbe für die Blütenpollen getrocknet, tupfen Sie außerdem Punkte als Details auf. Abschließend den Farbauftrag hier und da mit einer Mischung aus Grün- und Gelbtönen ergänzen.

Forelle

Fische zu malen, ist aufgrund des schillernden Farbspiels der Schuppen eine besondere Freude. Der Körper dieser Forelle wird in der Nass-in-Nass-Technik gemalt, gefolgt von der Dry-Brush-Technik für die Details. Der Farbverlauf in der Mitte des Fischkörpers sollte bei der Nass-in-Nass-Technik im besonderen Fokus stehen. Die Details fügen Sie mit einem feinen Detailpinsel hinzu, sobald der Farbauftrag für den Körper getrocknet ist.

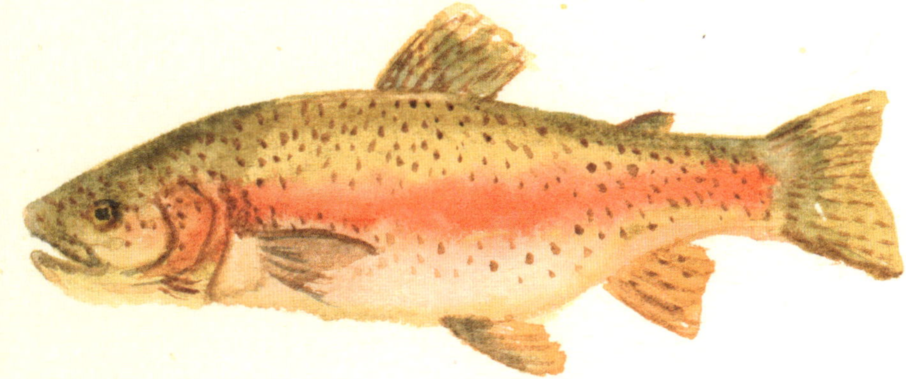

Farben

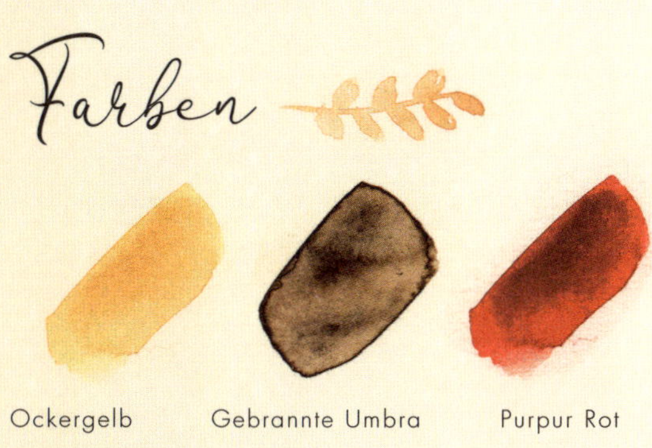

Materialien

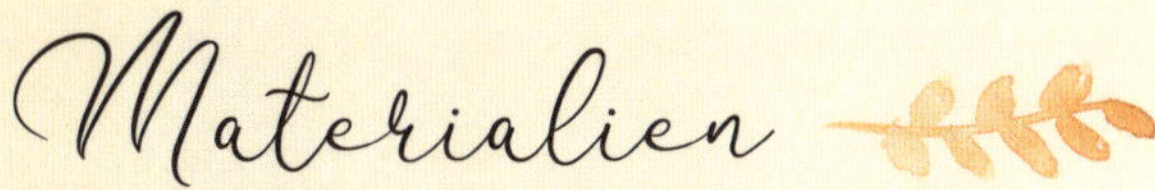

- Runder Aquarellpinsel (Größe 6)
- Detailpinsel
- 3 Aquarellfarben

1. Den Bereich des Fischkörpers, mit Ausnahme der Flossen, vollständig mit Wasser befeuchten, bis das Papier glänzend ist.

2. Geben Sie eine Mischung aus Ockergelb und einem Hauch Gebrannte Umbra in den oberen Teil des Körpers, gefolgt von einem Streifen Purpur Rot direkt darunter. Lassen Sie die Farben ineinanderlaufen. Die Oberseite des Kopfes mit Gebrannte Umbra schattieren.

3. Eine wässrige Mischung von Ockergelb auf den unteren, noch nassen Bauchbereich geben und die Farbe nach oben hin verwischen. Die drei „Farbstreifen" sollten harmonisch ineinanderlaufen, um einen schönen Farbverlauf zu erzielen. Den Farbauftrag einige Minuten trocknen lassen.

4. Die Flächen der Flossen mit Wasser befeuchten und die zuvor erstellte gelb-braune Farbmischung auftragen.

5. Nachdem die Farbe getrocknet ist, bringen Sie vereinzelt Details wie Flecken und Linien für die Gesichtszüge, Augen, Kiemen und Flossen mit einem feinen Detailpinsel und Gebrannte Umbra auf.

Farbtest

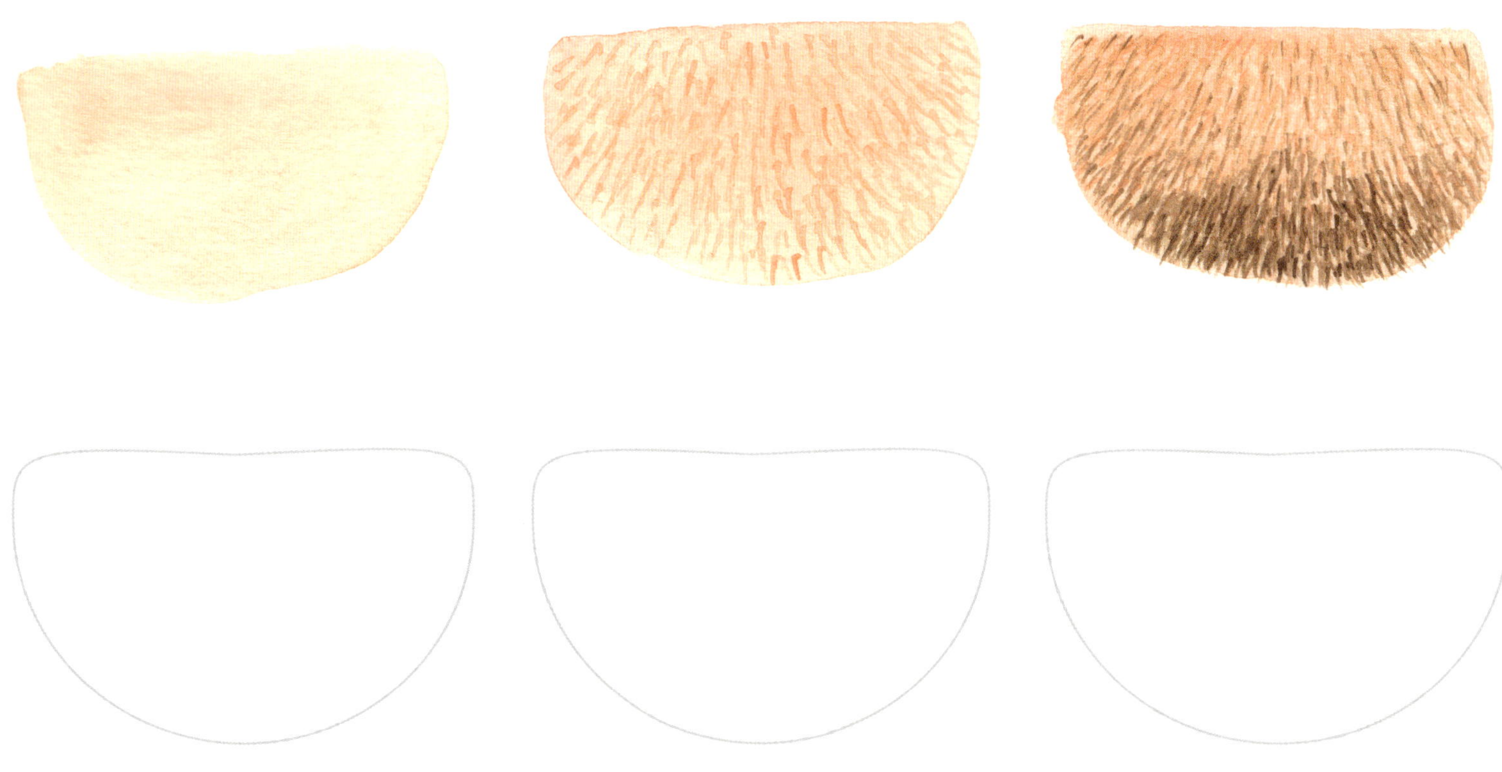

Grundfarbe auftragen

Mitteldunkler Farbauftrag

Dunkler Farbauftrag

FELL-MALTECHNIK

Es gibt viele Möglichkeiten, Tierfelle zu malen. In diesem Buch möchte ich einige meiner Lieblingsmethoden vorstellen. In den folgenden Projekten werden Sie die zuvor erlernten Fähigkeiten der Dry-Brush-Technik sowie der Nass-in-Nass-Technik anwenden können.

Denn die meisten dieser Bilder werden in einer ganz ähnlichen Technik gemalt, bei der kurze Pinselstriche mit dünnen Pinseln in mehreren Farbaufträgen ausgeführt werden. Der lagenweise Farbauftrag ist ein hervorragendes Mittel, um Tierfelle besonders realistisch und zweidimensional darzustellen. Wenn Sie mit hellen Tönen beginnen und nach und nach dunklere hinzufügen, können Sie auf einfache Weise wirkungsvolle Schattierungen und Reflexionen erzeugen.

Ich empfehle Pinsel in den Größen 2 bis 3 sowie einen feinen Detailpinsel für die Fellstriche.

Üben Sie Ihre Bewegungen für den Farbauftrag auf der linken Buchseite. Kolorieren Sie das Objekt zunächst mit einem verdünnten Farbauftrag. Wenn Sie nur ein wenig Pigment mit Wasser mischen, erhalten Sie eine gute Grundlage.

Sobald diese Schicht getrocknet ist, beginnen Sie damit die Fläche mit kurzen, feinen Strichen, auszufüllen. Probieren Sie verschiedene Pinselgrößen aus, um zu sehen, was sich für Sie am angenehmsten anfühlt. Die erste Lage der Pinselstriche sollte eher mitteltonig sein.

Nachdem diese Schicht getrocknet ist, wiederholen Sie dies mit dem gleichen Pinsel und einem dunkleren Farbton. Konzentrieren Sie diesen dunklen Farbton in der unteren Bildhälfte, um dem Ganzen durch die entstehende Schattierung Plastizität zu verleihen.

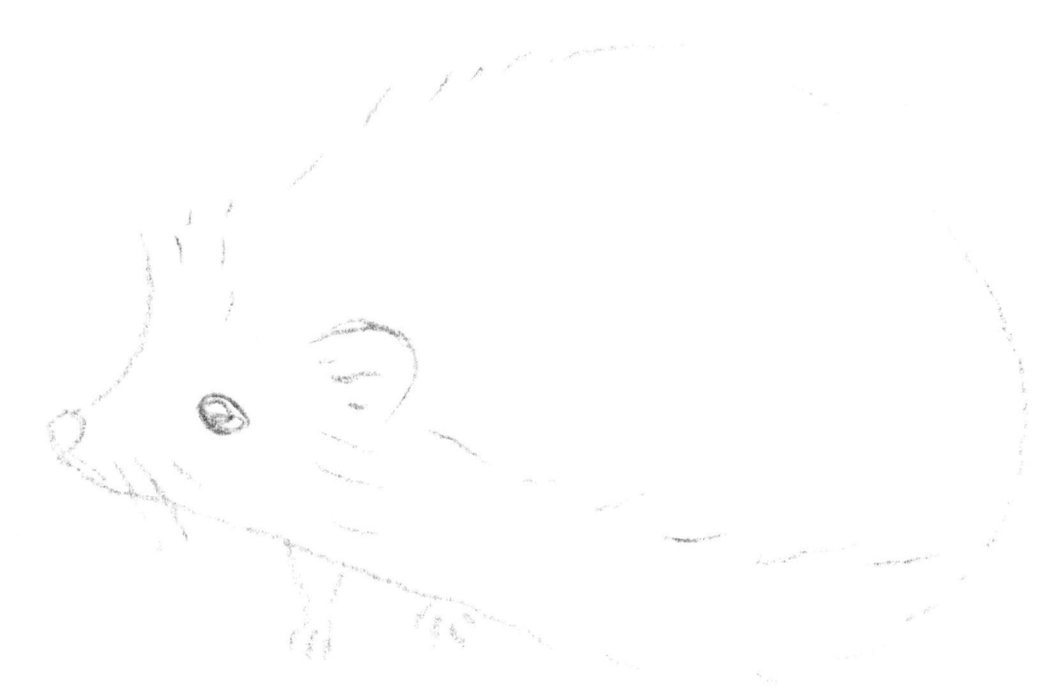

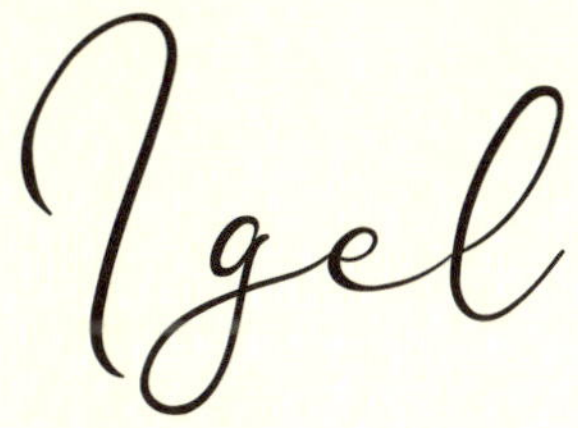

Igel

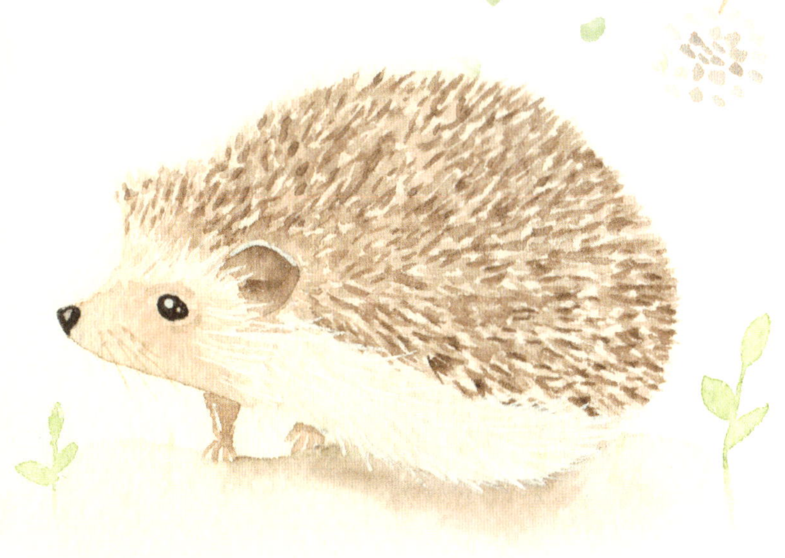

Genau genommen hat der Igel ja kein Fell, mit der Fell-Maltechnik wird jedoch die Textur der Stacheln nachempfunden.

Beginnen Sie mit einer sehr leichten Verdünnung als Basis und bauen Sie die dunkleren Töne mittels kleiner, kurzer Striche langsam auf. Die Abstände zwischen den Strichen werden dabei automatisch zu weißen Details, die die Textur betonen.

Farben

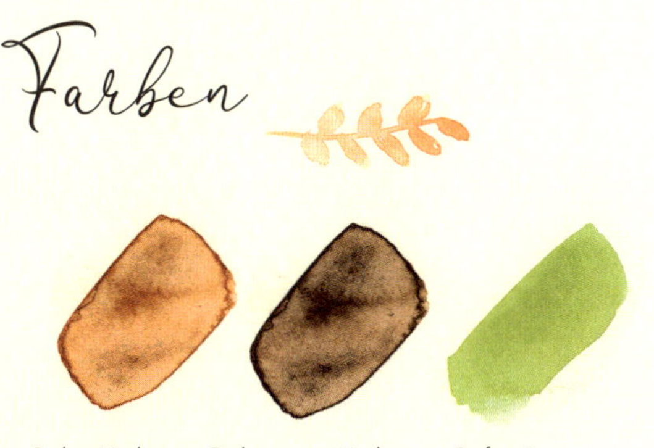

Rohe Umbra Gebrannte Umbra Saftgrün

Materialien

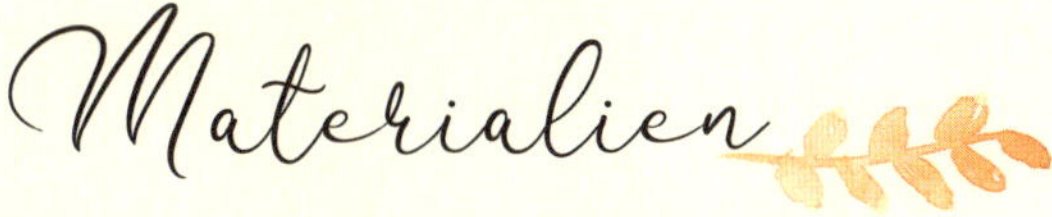

- Runder Aquarellpinsel (Größe 6)
- Detailpinsel
- 3 Aquarellfarben
- Schwarzer Tuschestift
- Weißer Gelstift

1. Den Igel komplett mit einer sehr leichten Grundierung aus Wasser und etwas Rohe Umbra ausmalen.

2. Ist der Farbauftrag getrocknet, tragen Sie eine weitere Lage der gleichen Farbmischung auf das Gesicht auf, um die im Beispiel gezeigten dunkleren Details zu erhalten.

3. Den Pinsel von innen nach außen führen, um weitläufigere Details der Haare im Gesicht und am Übergang vom Kopf zu den Stacheln zu erhalten. Das Ohr und den Vorderfuß mit Gebrannte Umbra. Bemalen.

4. Mischen Sie Gebrannte Umbra, Rohe Umbra und Wasser, um einen mittleren Braunton zu erhalten. Kolorieren Sie damit den Bereich der Stacheln, indem Sie den Pinsel in kleinen, kurzen Strichen führen. Achten Sie darauf, weiße Bereiche frei zu lassen, um die Textur zu betonen.

5. Sobald diese Schicht vollständig getrocknet ist, eine letzte Schicht Gebrannte Umbra in den Bereich der Stacheln geben.

6. Vervollständigen Sie die Details im Gesicht mit einem schwarzen Stift und einem feinen Detailpinsel. Die Schnurrhaare mit einem feinen Pinsel und Gebrannte Umbra malen. Abschließend fügen Sie auf der weißen Bauchseite mit weißem Gelstift feine, dünne Striche hinzu, um Highlights zu erzeugen.

7. Mit Saftgrün schließlich noch kleine Sprossen und die Grasnarbe unter den Igel malen.

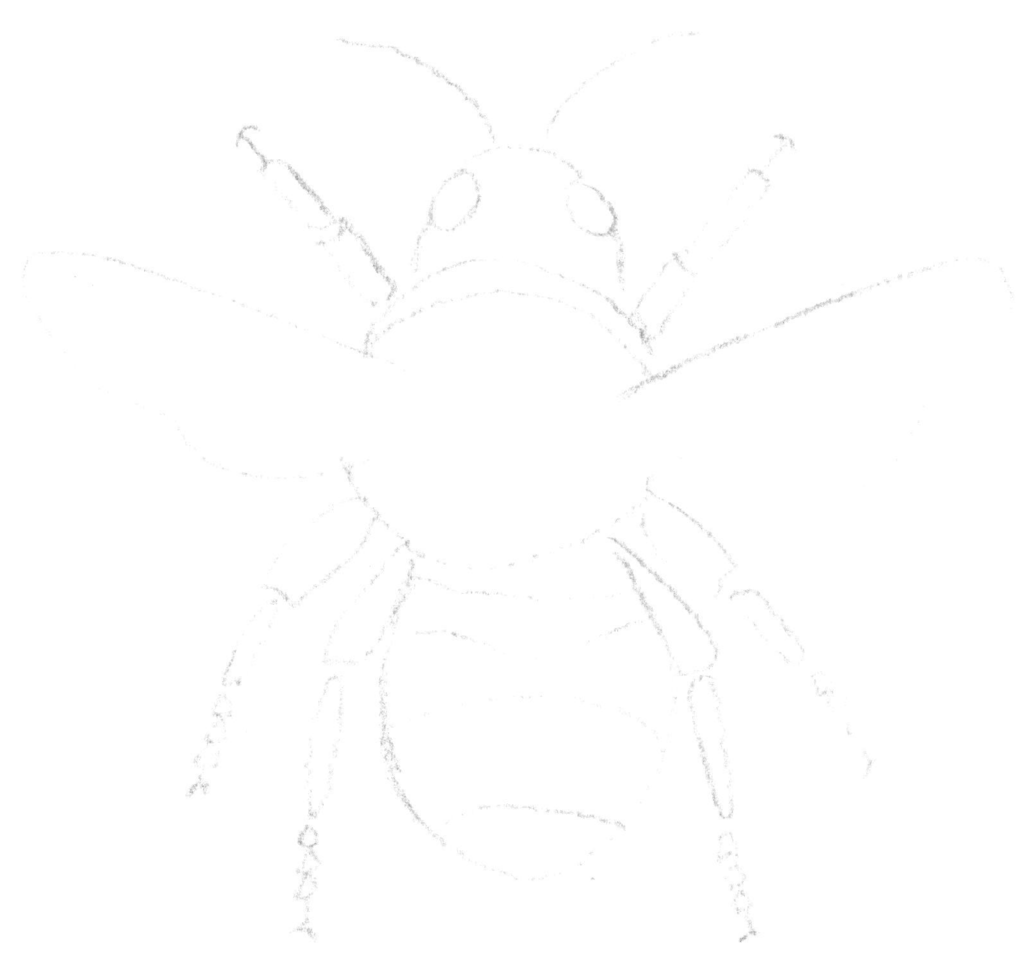

Hummel

Diese Hummel entsteht fast ausschließlich durch kurze Striche und weiße Highlights. Die Konsistenz der Farbe sollte eher undurchsichtig sein. Sie sollten nur eine kleine Menge Wasser unter die Farbe mischen. Für die pelzigen und feineren Details benötigen Sie einen Detailpinsel, um eine authentische Wirkung zu erzielen.

Farben

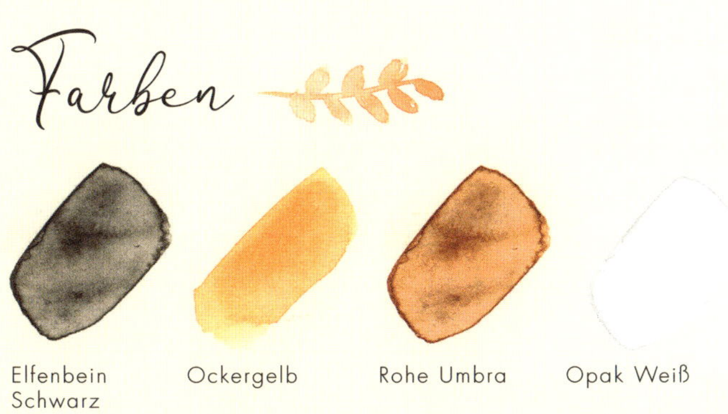

Materialien

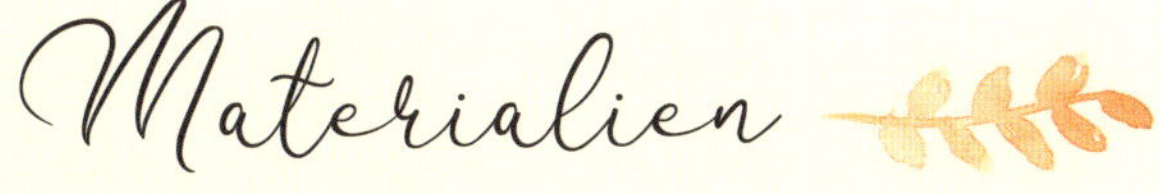

- Runder Aquarellpinsel (Größe 6)
- Detailpinsel
- 4 Aquarellfarben
- Weißer Gelstift

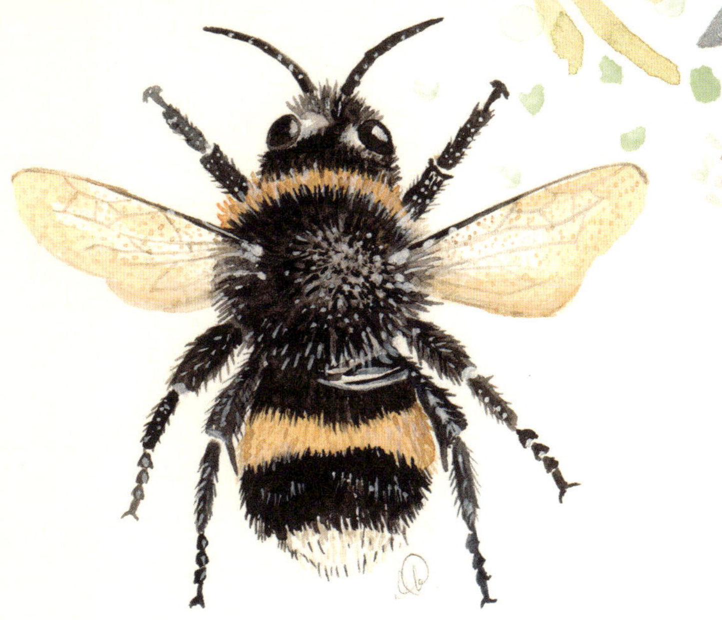

1. Den runden Teil des Oberkörpers mit Elfenbein Schwarz kolorieren. Mit einem trockenen Pinsel nehmen Sie direkt wieder etwas Farbe ab, um einen helleren Fleck in der Mitte freizulegen. Den Farbauftrag gut trocknen lassen.

2. Mit kleinen, kurzen Strichen, einem Detailpinsel und einer dunkleren Mischung aus Elfenbein Schwarz geben Sie dem bemalten Oberkörper eine pelzige Kontur, die dem Radius des Kreises folgen sollte.

3. Auf der unteren Körperhälfte in ähnlicher Weise mit kurzen, schwarzen Strichen fortfahren und dann den Kopf malen, dabei die Augenpartie aussparen.

4. Ist der schwarze Farbauftrag nach ein paar Minuten getrocknet, den Vorgang für die gelben Körperpartien mit Ockergelb in der gleichen Weise mit kurzen Strichen wiederholen.

5. Malen Sie die Fühler, die Augen und Beine. Ziehen Sie die Farbe mit dem trockenen Detailpinsel spitz aus den Beinkanten heraus, um ihnen ein pelziges Aussehen zu verleihen.

6. Die Flügel mit einer Verdünnung von Ockergelb kolorieren. Lassen Sie dies trocknen, bevor Sie die Adern auf den Flügeln mit dem Detailpinsel und einer Verdünnung von Rohe Umbra hinzufügen.

7. Die Arbeit abschließen, indem Sie mit Opak Weiß Details um die Augen und auf dem Fell der Biene hervorzuheben.

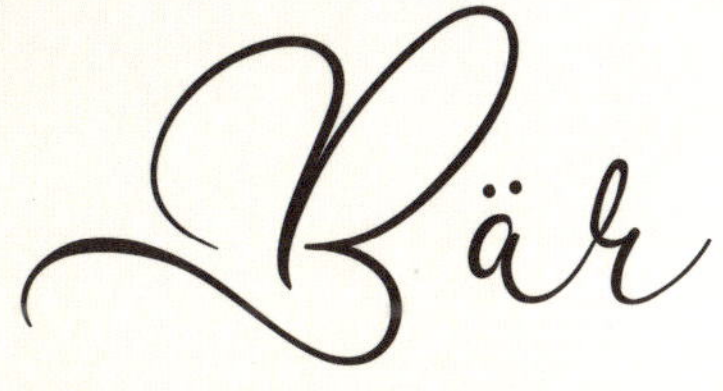

Bär

Schauen Sie sich den Bären an, ist er nicht im Grunde eine große, gemütliche Fellkugel?! Konzentrieren Sie sich beim Malen also darauf, dunkle Schattierungen hervorzurufen, indem Sie mehrere Lagen gestrichelter Flächen auf das Papier bringen und hier und da auch die Richtung der Striche wechseln, um die Sitzposition des Bären deutlich werden zu lassen.

Rohe Umbra wird als Mittelton verwendet, während Sie mit Gebrannte Umbra und Elfenbein Schwarz die Fell- und Schattenbereiche hervorbringen.

Farben

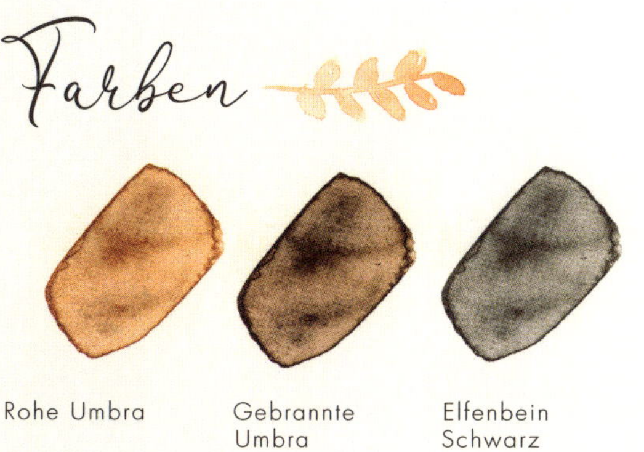

Rohe Umbra

Gebrannte Umbra

Elfenbein Schwarz

Materialien

- Runder Aquarellpinsel (Größe 2)
- 3 Aquarellfarben

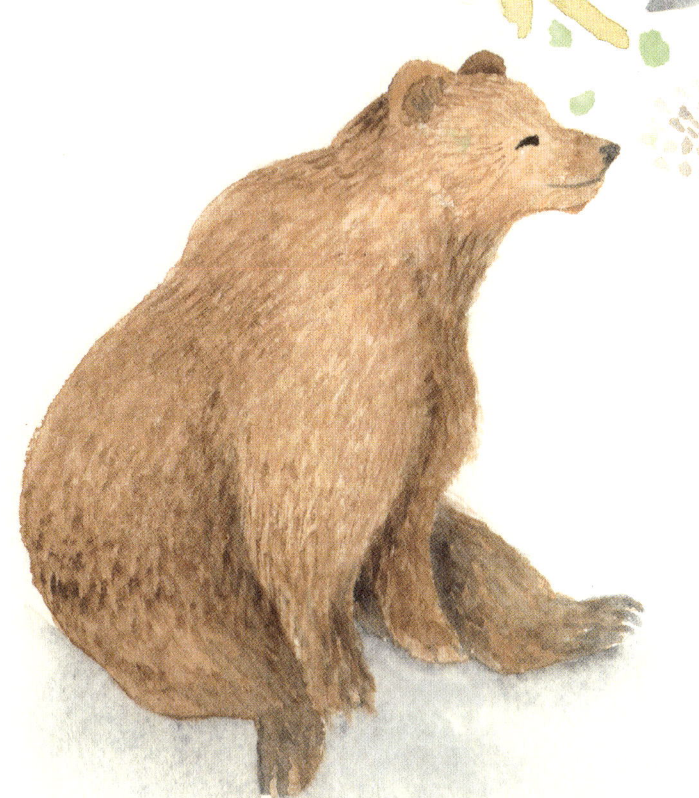

1. Zunächst eine Grundlage für das Fell des Bären erstellen. Kolorieren Sie den gesamten Körper mit einer Verdünnung von Rohe Umbra. Geben Sie, solange die Farbe noch feucht ist, Tropfen Gebrannte Umbra in die dunklen Schattenbereiche, u.a. unter die Vorderbeine, an den hinteren Oberschenkel, auf die Brust zwischen die Vorderläufe, an das rechte Bein und oben an den Kopf.

2. Wenn diese Schicht getrocknet ist, mit einer Mischung im Verhältnis 1:1 von Rohe Umbra und Wasser mit der Pinselspitze feine, kurze Striche entlang des Körpers des Bären auftragen.

3. Lassen Sie diese erste Fellschicht trocknen. Die nächste Farbschicht bringen Sie mit einer wässrigen Mischung aus Gebrannte Umbra auf. Die Fellstriche auf die dunkleren Schattenbereiche wie Hinterbeine, Ohren und Nacken konzentrieren.

4. Lassen Sie auch diesen Farbauftrag trocknen, bevor Sie die entstandenen Schattenbereiche mit Elfenbein Schwarz und feinen Linien zusätzlich betonen. Die Gesichtszüge ebenfalls mit Elfenbein Schwarz vervollständigen. Abschließend Gebrannte Umbra auf die Innenseite der Ohren geben.

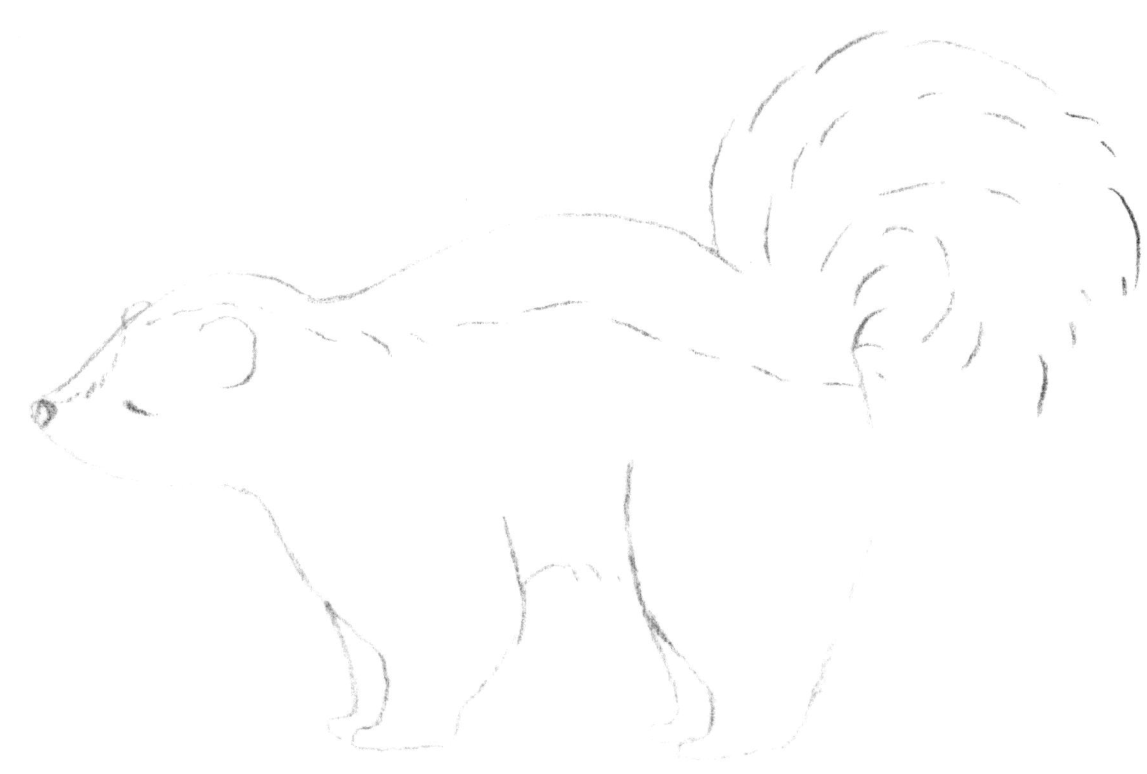

Stinktier

Kaum zu glauben, aber der Körper dieses Stinktiers besteht nur einer einzigen Farbe, nämlich Elfenbein Schwarz. Die unterschiedlichen Hell- und Dunkeltönungen werden allein durch Zugabe von mehr oder weniger Wasser zum Farbpigment erreicht.

Die Details im Gesicht führen Sie abschließend mit einem feinen, schwarzen Tuschestift aus.

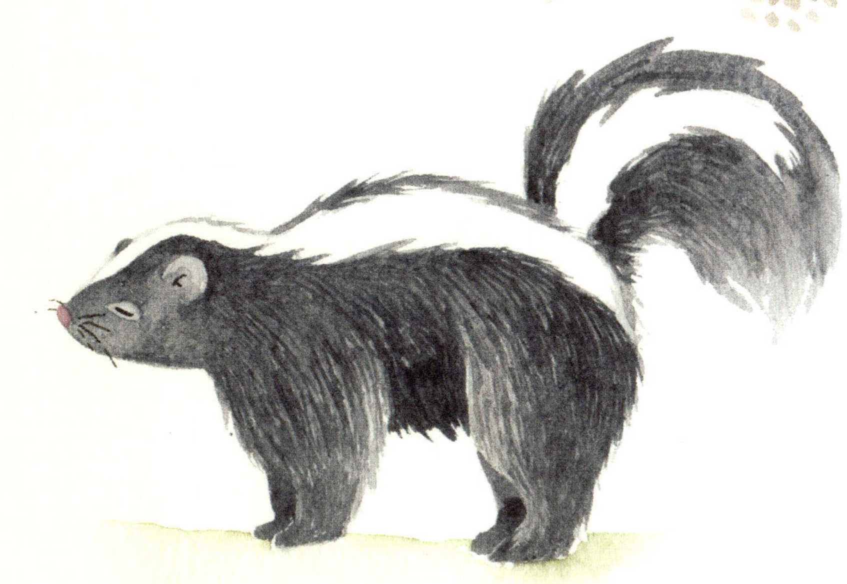

Farben

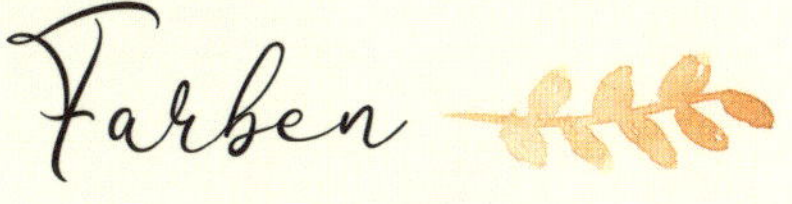

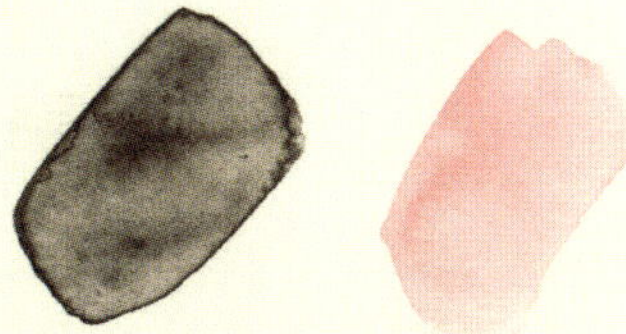

Elfenbein Schwarz   Rosa

Materialien

- Aquarellpinsel (Größe 6)
- Detailpinsel
- 2 Aquarellfarben
- Schwarzer Tuschestift

1. Bringen Sie eine Grundlage auf, indem Sie den gesamten schwarzen Bereich des Körpers mit einer starken Verdünnung von Elfenbein Schwarz auftragen. Der Farbauftrag sollte deutlich hellgrau auftrocknen.

2. Sobald diese Grundlage getrocknet ist, mit einem Detailpinsel und einem etwas dunkleren Grauton beginnen, längere, feine Striche zu ziehen. Berücksichtigen Sie, dass die weißen Bereiche unberührt bleiben sollen.

3. Eine weitere Lage feiner Striche in einem dunkleren Schwarzton hinzufügen, um die Schattendetails hinter dem Ohr, auf dem Bauch, an den Beinen und unterhalb des buschigen Schwanzes zu gestalten. Wenn Sie einige Stellen in den dunkleren Bereichen unberührt lassen, entstehen wirkungsvolle Reflexionen.

4. Geben Sie abschließend einen Hauch Rosa an die Nase und ergänzen Sie die Details im Gesicht mit einem schwarzen Tuschestift.

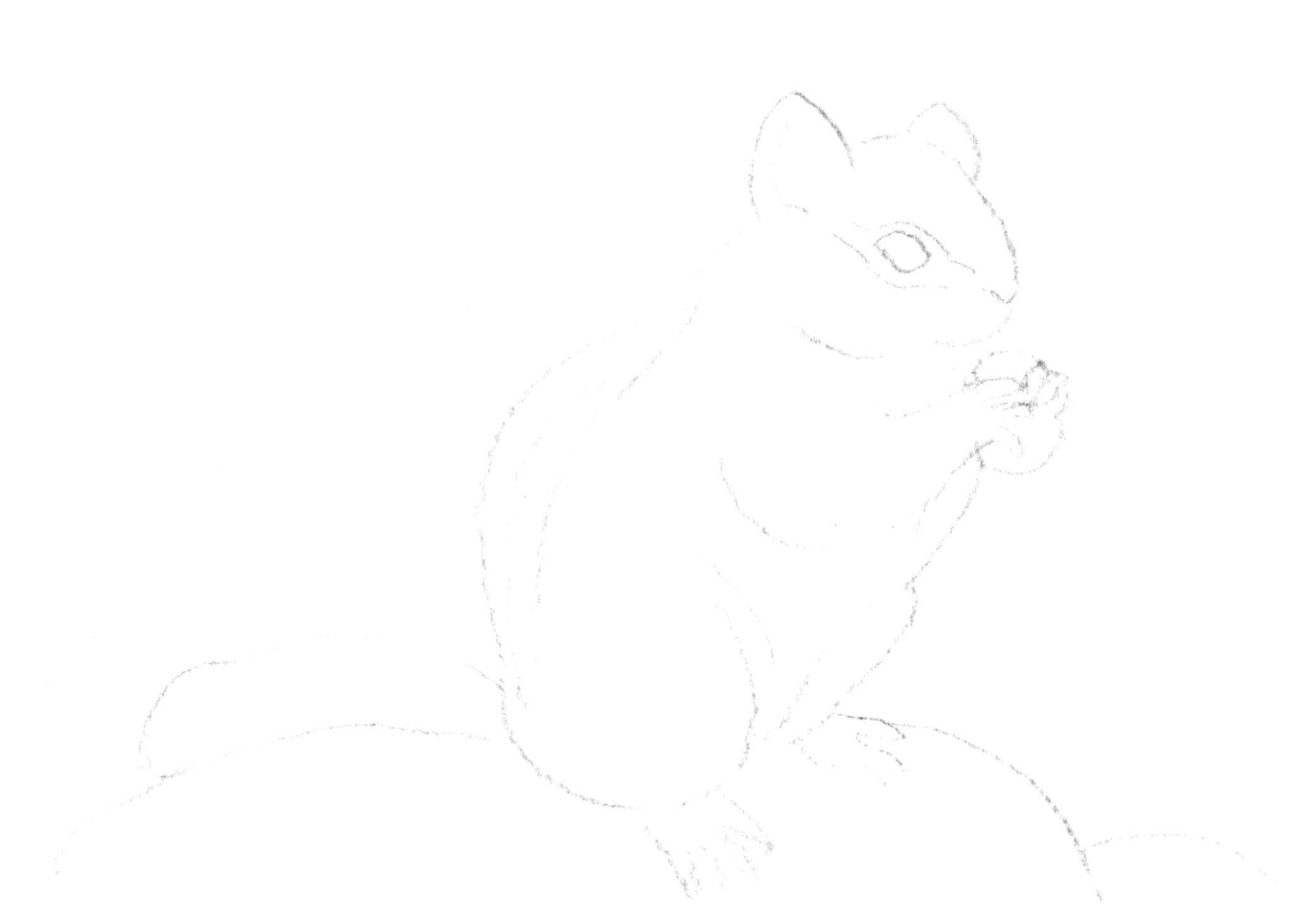

Streifenhörnchen

Dieses niedliche Streifenhörnchen wird in kurzen Strichen gemalt, über die eine verdünnte Farbmischung aufgetragen wird, damit die Striche miteinander verschmelzen. Dies verleiht dem Werk ein strukturierteres Aussehen.

Der Pinsel wird etwas breiter als der Detailpinsel gewählt, der bei vielen anderen Projekten zur Anwendung kommt.

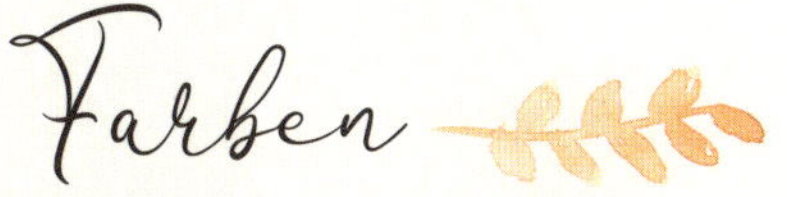

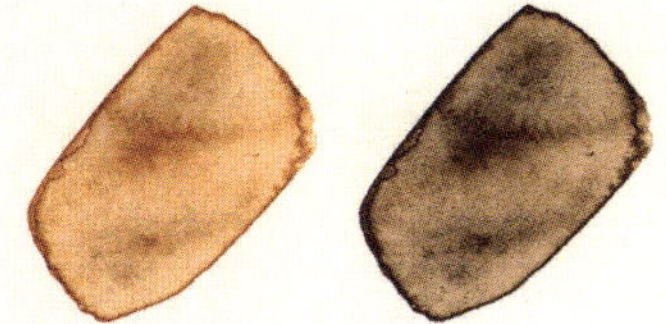
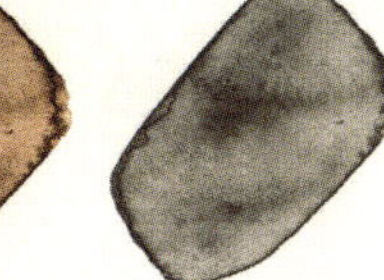

Rohe Umbra | Gebrannte Umbra | Elfenbein Schwarz | Opak Weiß

Materialien

- Runder Aquarellpinsel (Größen 2 + 6–8)
- 4 Aquarellfarben

1. Als Grundlage zunächst eine Verdünnung von Rohe Umbra auf das Papier auftragen.

2. Wenn diese Schicht getrocknet ist, mit dem feineren Pinsel lose Striche in das „Fell" malen. Verwenden Sie eine hellere Farbmischung für Bereiche, die hervorgehoben werden sollen und Gebrannte Umbra, um dunklere Schattierungen hervorzurufen.

3. Nach dem Trocknen dunkeln Sie am Rücken, an den Füßen, Ohren, Unterarmen und im Nacken einige Stellen mit etwas Elfenbein Schwarz weiter ab. Die Eichel mit Gebrannte Umbra malen.

4. Mit weißer Farbe betonen Sie Schwanz, Beine, Augen, Gesicht und Füße sowie den hellen Streifen auf dem Rücken, indem Sie mit dem Stift in der gleichen Strichbewegung wie zuvor fortfahren.

5. Den Stein mit leichter Hand im Dry-Brush Verfahren malen, mit einer Verdünnung von Elfenbein Schwarz. Achten Sie darauf, dass der Stein unterhalb des Streifenhörnchens dunkler erscheint, um einen natürlichen Schatteneffekt zu erzielen.

Rehkitz

Für dieses Reh werden verschiedene Farbmischungen von Rohe Umbra und Gebrannte Umbra mit vielen feinen, kurzen Strichen aufgetragen, die sich in mehreren Schichten überlagern. Die weißen Details erfolgen anschließend entweder mit einem weißen Tuschestift oder einer deckenden Acryl- oder Gouachefarbe. Indem Sie die Richtung Ihrer Bewegungen ändern, können Sie die Kurven des Körpers nachzeichnen, um eine realistische Formgebung zu erhalten.

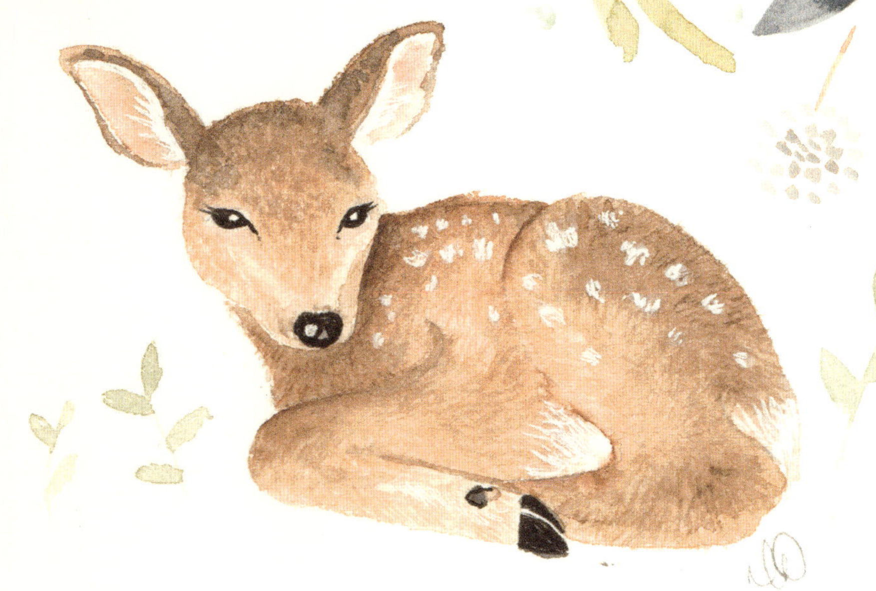

Farben

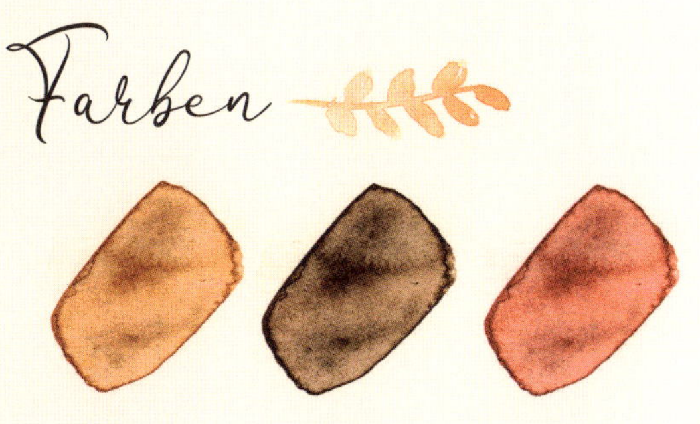

Rohe Umbra — Gebrannte Umbra — Indisch Rot

Materialien

- Runder Aquarellpinsel (Größe 6)
- Detailpinsel
- 3 Aquarellfarben
- Weißer Gelstift
- Schwarzer Tuschestift

1. Malen Sie zunächst den gesamten Körper des Rehs mit einer leichten Verdünnung von Rohe Umbra aus. Der Farbton sollte einem hellen Beige ähneln. Achten Sie also darauf, diese Schicht nicht zu dunkel aufzutragen, da diese nur die Grundlage für die dunkleren Töne bildet.

2. Während diese Grundierung noch feucht ist, für die Schatten einige Tupfer Gebrannte Umbra in die dunkleren Bereiche des Rehkitzes wie unter den Hals, das hintere Bein und die Oberseite des Kopfes auftragen.

3. Ist die Grundierung schließlich trocken, mit einem feinen Detailpinsel feine, kurze Striche malen. Die erste Schicht des „Fells" sollte eher ein Mittelton von Rohe Umbra sein. Die Ohren gestalten Sie mit einer leichten Verdünnung von Indisch Rot, um den rosa Farbton zu erhalten.

4. Ist die erste Lage getrocknet ist, nochmals eine zweite mit stärker pigmentierter Farbe in der gleichen Weise auftragen. Denken Sie daran, die Richtung der Striche mit der natürlichen Körperform in Einklang zu bringen.

5. Bauen Sie Ihre kurzen Strichebenen so lange auf, bis Sie mit dem Aussehen zufrieden sind. Zwei bis drei Schichten sollten reichen. In den Schattenbereichen, die Sie zuvor gemalt haben, fügen Sie weitere Striche mit Gebrannte Umbra hinzu, um die Schattierungen noch stärker zu betonen.

6. Abschließend mit einem weißen Stift weiße Flecken und Reflexe an den Ohren, am Schwanz und auf dem Körper hinzufügen. Mit einem schwarzen Tuschestift die schwarzen Details an Füßen, Augen und Nase setzen.

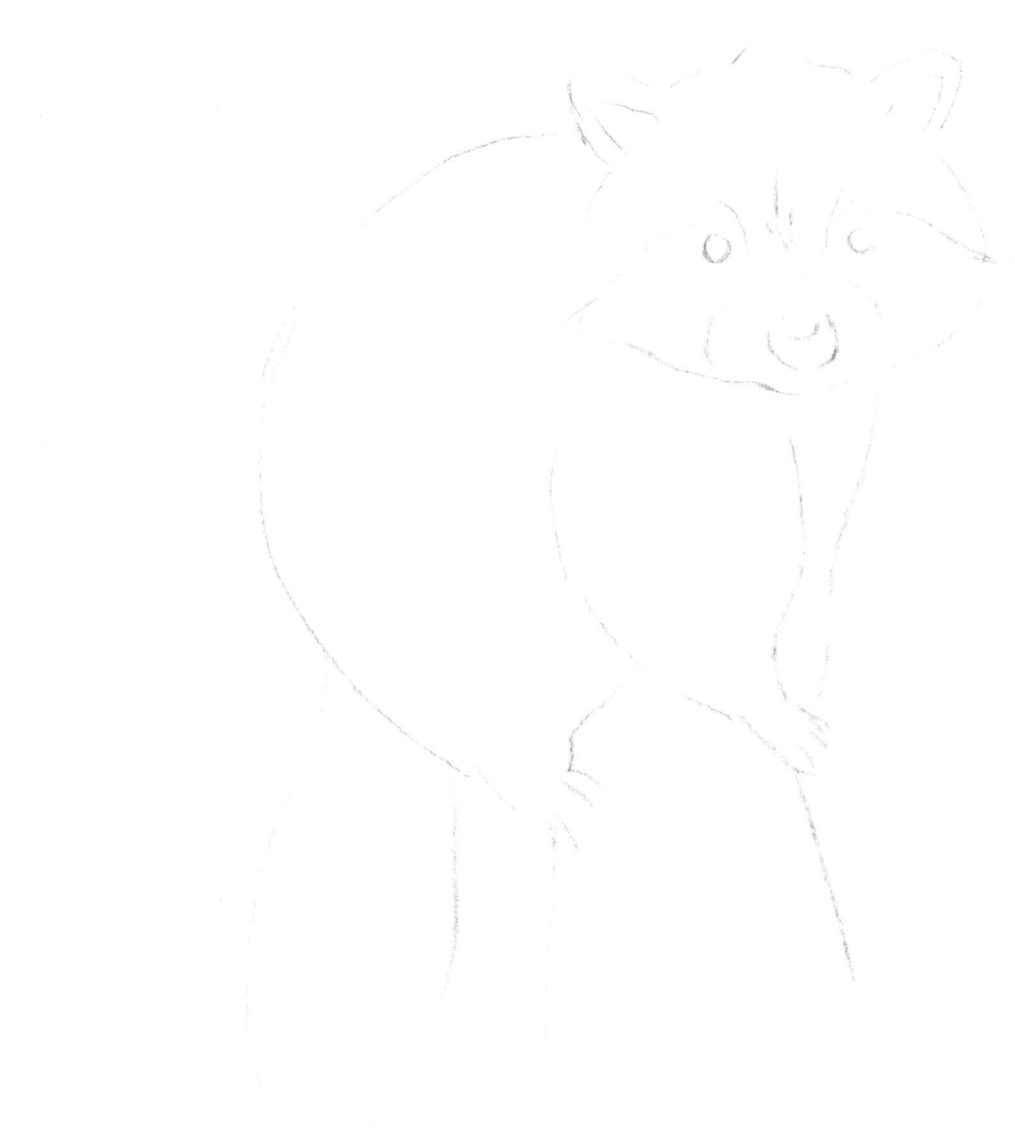

Waschbär

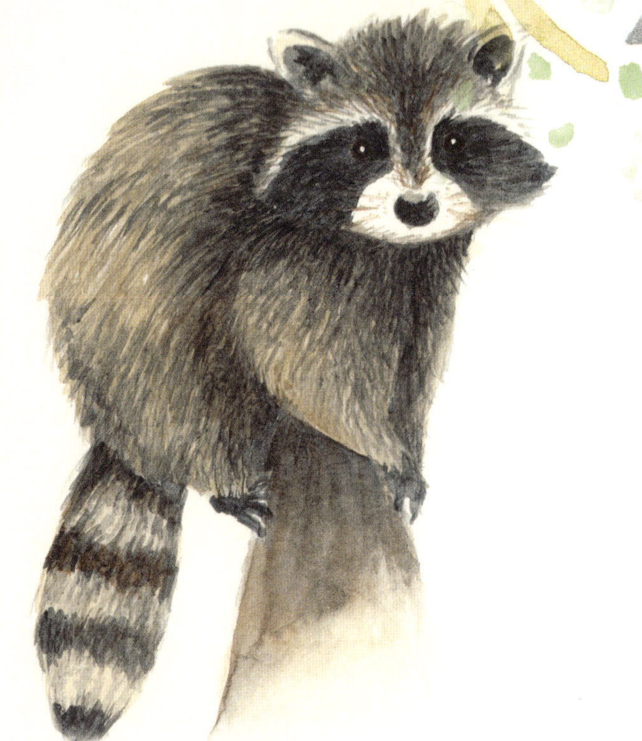

Ein Wald ohne den ach so unschuldigen Waschbären ist kaum vorstellbar!

Dunkle Farbtöne und viele, feine Striche in mehreren Lagen lassen diesen kessen, maskierten Banditen entstehen. Achten Sie beim Malen auf den Kontrast zwischen den dunklen und hellen Gesichtszügen und übermalen Sie die weißen Bereiche nicht!

Farben

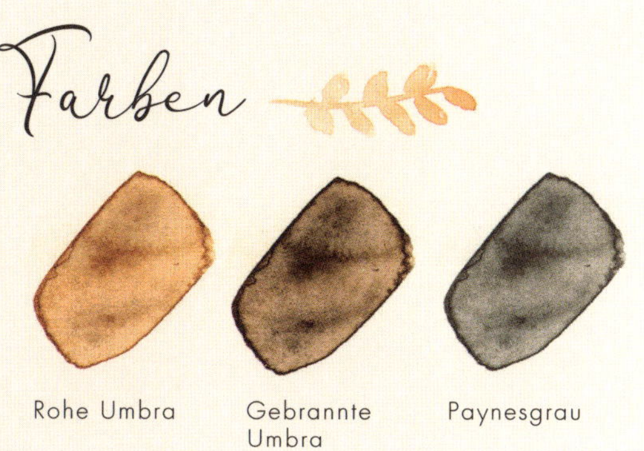

Materialien

- Runder Aquarellpinsel (Größe 6)
- Detailpinsel
- 3 Aquarellfarben
- Schwarzer Tuschestift

1. Den gesamten Körper des Waschbären in einem Mischungsverhältnis von 1:1 Rohe Umbra Farbe und Wasser grundieren. Dabei den Kopf aussparen.

2. Nach ein paar Minuten sollte dieser Auftrag völlig trocken sein. Fügen Sie kurze, dichte Striche mit Gebrannte Umbra am Körper um den Arm-, Kopf- und Halsbereich hinzu, um realistische Schattierungen hervorzurufen. Dabei darauf achten, dass Sie mit der Strichführung der natürlichen Richtung des Körpers folgen.

3. Die Farbe trocknen lassen. Gehen Sie dann mit der gleichen Farbe nochmals strichweise über den gesamten Körper, den Schwanz und den Arm. Um das Fell abzudunkeln und die Körperform weiter zu „modellieren" Striche mit Paynesgrau hinzufügen.

4. Die Streifen der Maske, der Ohren, der Nase und des Schwanzes mit Paynesgrau kolorieren. Möglicherweise benötigen Sie mehrere Schichten, bis diese Bereiche dunkel genug erscheinen.

5. Mit kurzen, nach oben gerichteten Strichen Gebrannte Umbra und Paynesgrau oben am Kopf auftragen, den Bereich über der Maske weiß lassen.

6. Malen Sie abschließend mit einem schwarzen Stift die kleinen, kreisrunden Augen auf, in denen jeweils mittig ein kleiner, weißer Punkt verbleibt.

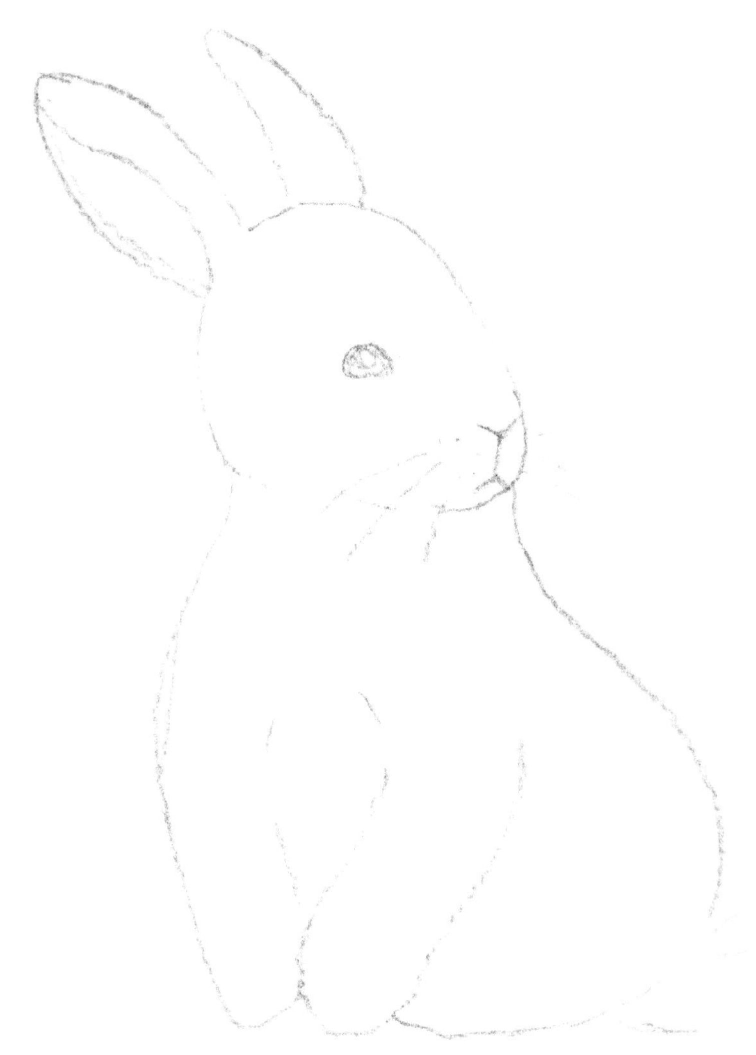

Hase

Bei diesem Häschen erzielen Sie ganz erstaunliche Fell-Effekte mit einem weißen Gelstift. Dabei werden die maßgeblichen, weißen Akzente erst zum Abschluss des Aquarellprojektes angebracht. Sie erzeugen tatsächlich einen sehr realistischen, natürlichen Effekt. Hier wurde der weiße Gelstift außerdem verwendet, um dem Auge und den Ohren mehr Tiefe zu verleihen. Wenn Sie möchten, können Sie anstelle eines Stifts auch einen feinen Detailpinsel und Weiße Gouache verwenden.

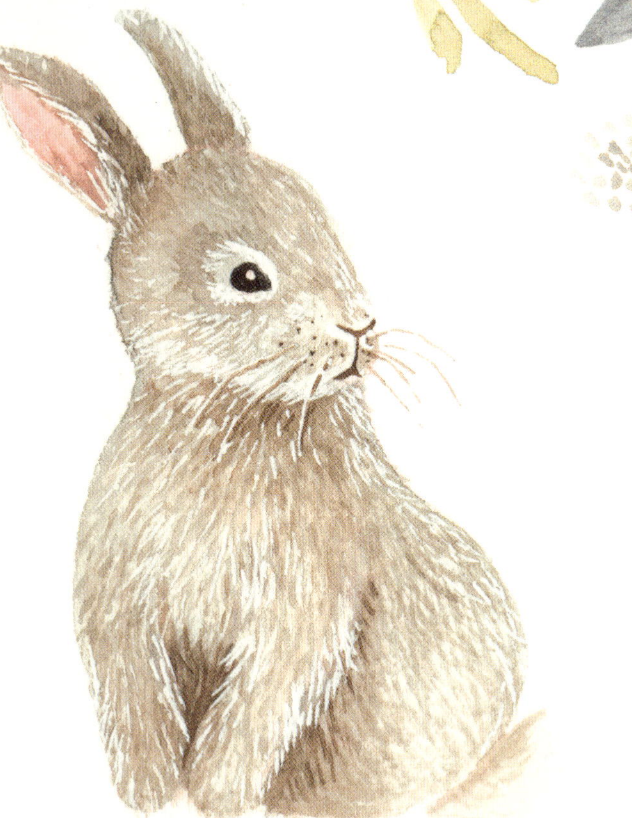

Farben

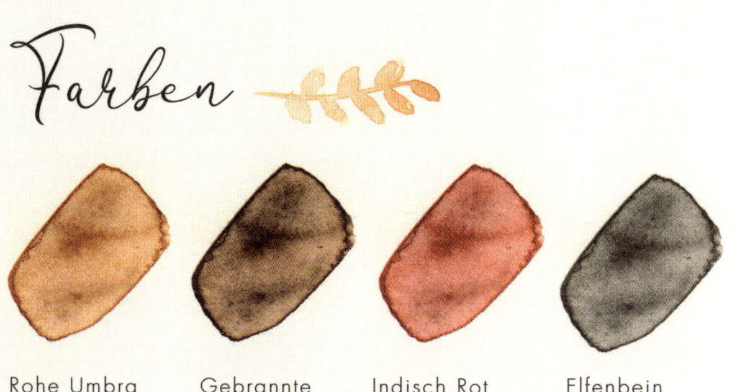

Materialien

- Runder Aquarellpinsel (Größe 6)
- Detailpinsel
- 4 Aquarellfarben
- Weißer Gelstift

1. Zunächst den gesamten Körper des Kaninchens mit einer Verdünnung von Rohe Umbra grundieren. Fügen Sie dann Gebrannte Umbra hinzu, und zwar dort, wo Schattierungen erscheinen sollen, z. B. unter dem Kinn und um die Vorderläufe.

2. Ist diese Farbschicht getrocknet, eine weitere auftragen, dieses Mal in kurzer Strichführung einer kräftigeren (weniger Wasser) Mischung aus Rohe Umbra und Gebrannte Umbra. Dabei darauf achten, dass Sie die Striche in Richtung des Fellwachstums ausführen.

3. Fügen Sie mit der gleichen Technik eine dritte Farbschicht der gleichen Farbmischung hinzu. Je mehr Schichten des gleichen Farbtons aufgetragen werden, umso dunkler wirkt die Farbe.

4. Einen Hauch Indisch Rot in das Ohr geben.

5. Akzentuieren Sie schließlich mit einem weißen Gelstift das Fell, wie im Beispiel gezeigt.

6. Details wie Auge, Nase und Schnurrhaare mit einem feinen Detailpinsel und Elfenbein Schwarz ausarbeiten.

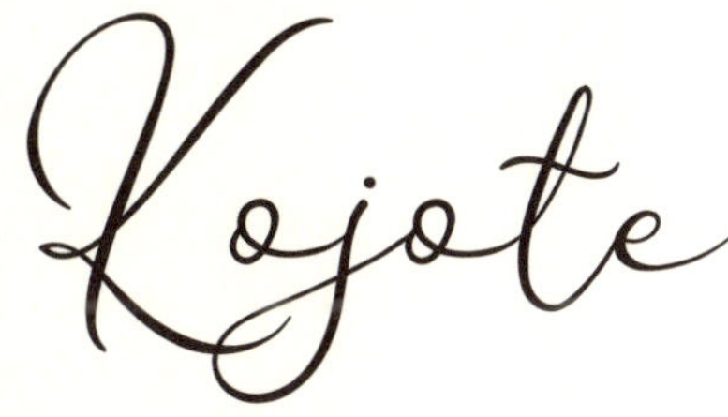

Fell kann selbstverständlich auch in der Nass-in-Nass-Technik gemalt werden. Dieser Kojote beispielsweise wird gemalt, indem das Papier zuerst befeuchtet und dann auf die nassen Bereiche Farbe gegeben wird. Die Textur des Fells wird durch kurze, vertikal hin und her wechselnde Bewegungen des Pinsels und durch Überlagern bzw. Layering der Farben erzeugt.

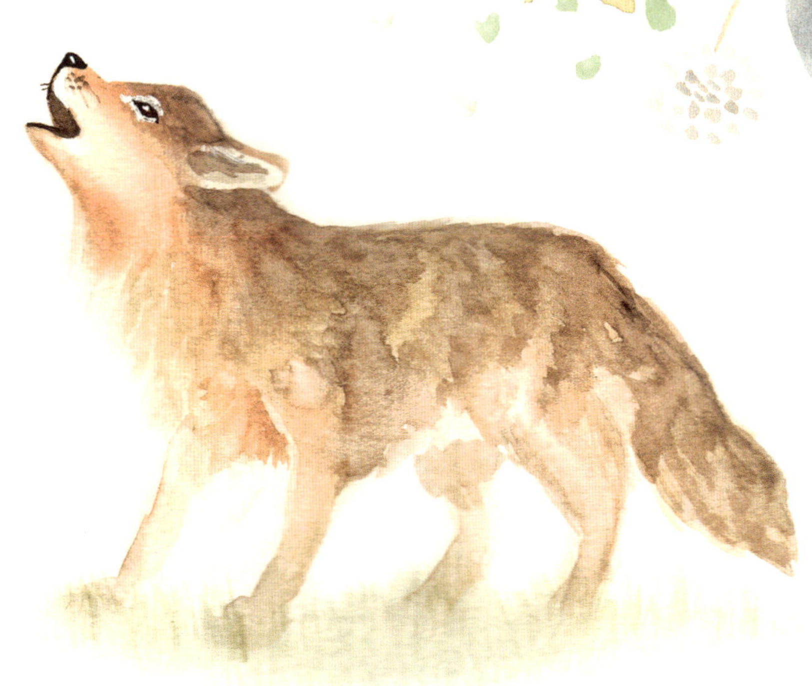

Farben

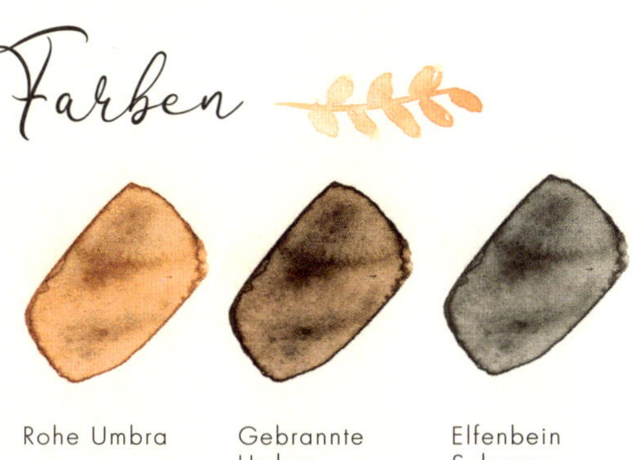

Rohe Umbra

Gebrannte Umbra

Elfenbein Schwarz

Materialien

- Runder Aquarellpinsel (Größe 6)
- Feiner Pinsel (optional)
- 3 Aquarellfarben
- Schwarzer Stift (optional)

1. Zuerst den gesamten Körper des Kojoten mit sauberem Wasser und einem sauberen Pinsel befeuchten.

2. Während das Papier noch feucht ist, malen Sie eine helle Verdünnung Rohe Umbra als Grundierung auf.

3. Während die Farbe noch feucht ist, einen dunkleren Ton Gebrannte Umbra auf die Bereiche unterhalb des Kinns, an den Beinen und der Oberseite des Kopfes malen.

4. Wenn die Farbe zu trocknen beginnt, tragen Sie abwechselnd die Farben Rohe Umbra und Gebrannte Umbra in kurzen Bewegungen hin und her auf. Dabei den Pinsel in die Richtung ziehen, in der das Fell wachsen würde.

5. Wenn die Farbe trocken ist, bringen Sie die Details im Gesicht mit einem schwarzen Tuschestift oder mit einem feinen Pinsel und Elfenbein Schwarz an.

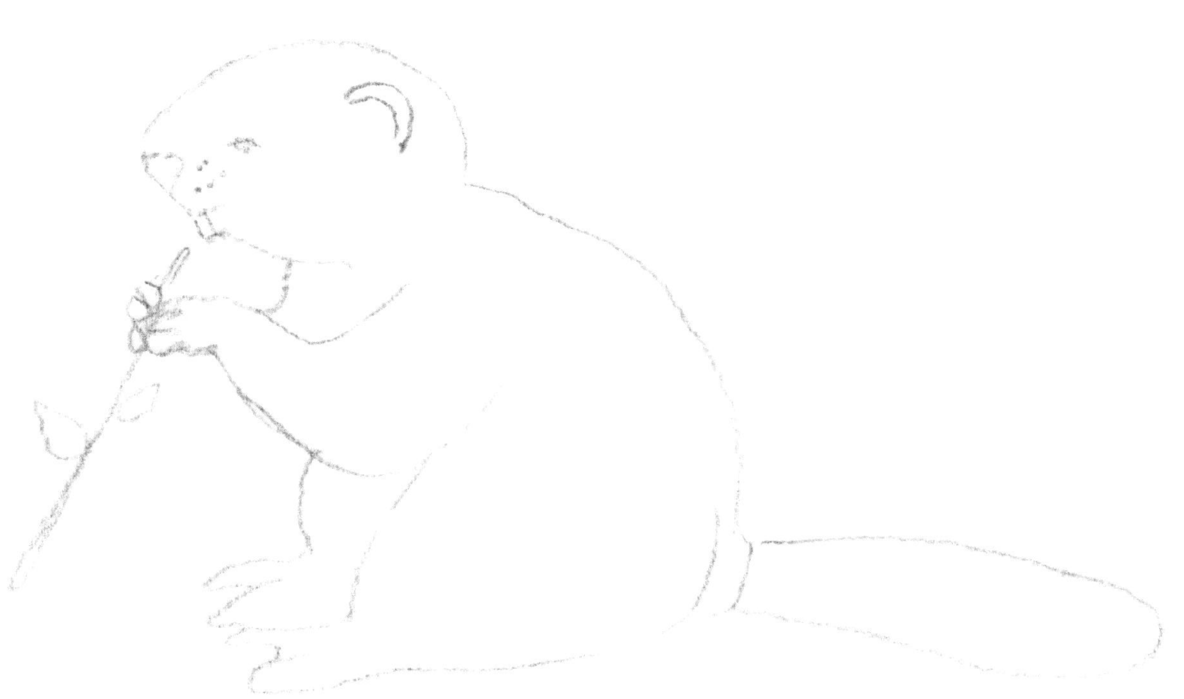

Biber

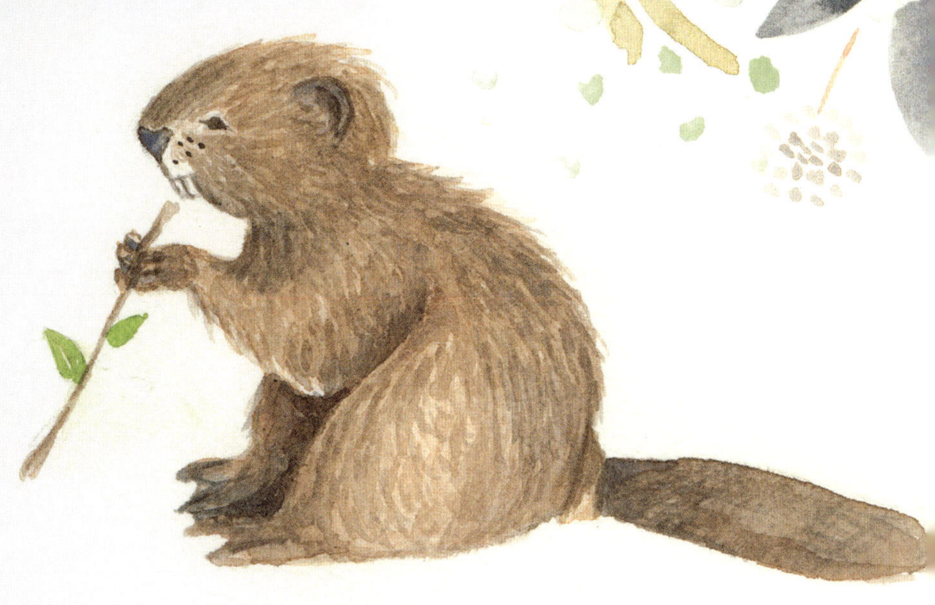

Sie benötigen nur einige, verschiedene Brauntöne, und schon wird der Biber zum Leben erweckt.

Durch Mischungen der drei Farben, jeweils in unterschiedlichem Verhältnis, erhalten Sie die gewünschten Schattierungen und Tönungen. Experimentieren Sie ruhig ein wenig! Im Beispiel sehen Sie, wie unterschiedlich die Brauntöne wirken und so einen sehr natürlichen Fell-Look ergeben.

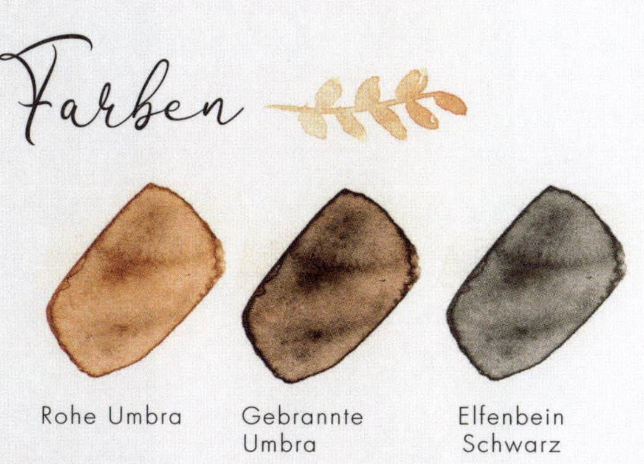

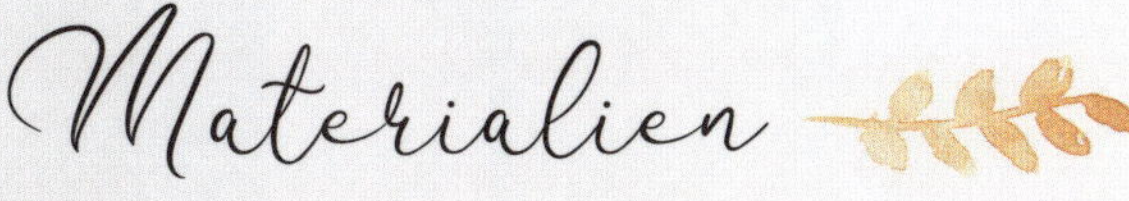

- Runder Aquarellpinsel (Größe 6)
- Detailpinsel
- 3 Aquarellfarben

1. Den gesamten Körper mit einer Verdünnung von Rohe Umbra kolorieren, um eine Grundlage zu schaffen.

2. Nach ein paar Minuten, wenn diese Schicht trocken ist, tragen Sie mit der Pinselspitze eine stärker pigmentierte Mischung von Rohe Umbra in kleinen, kurzen Strichen auf dem gesamten Körper auf.

3. Sobald diese Schicht getrocknet ist, eine weitere Lage mit feinen Strichen malen. Verwenden Sie nun jedoch Gebrannte Umbra.

4. Tragen Sie dunklere Gebrannte Umbra und Elfenbein Schwarz auf den Nacken, das Hinterbein, die Hände, das Ohr und den Schwanz auf, um Schattierungen hervorzurufen. Dabei darauf achten, nicht zu viel der Farbe auf die zu betonenden Bereiche aufzutragen.

5. Mit Gebrannte Umbra, etwas Elfenbein Schwarz und Wasser den buschigen Schwanz gestalten. Wenn der Farbauftrag getrocknet ist, erzeugen Sie den leichten Schraffur-Effekt mit Elfenbein Schwarz als Textur.

6. Abschließend mit einem feinen Pinsel die kleinen Details im Gesicht und an den Pfoten in Elfenbein Schwarz aufmalen.

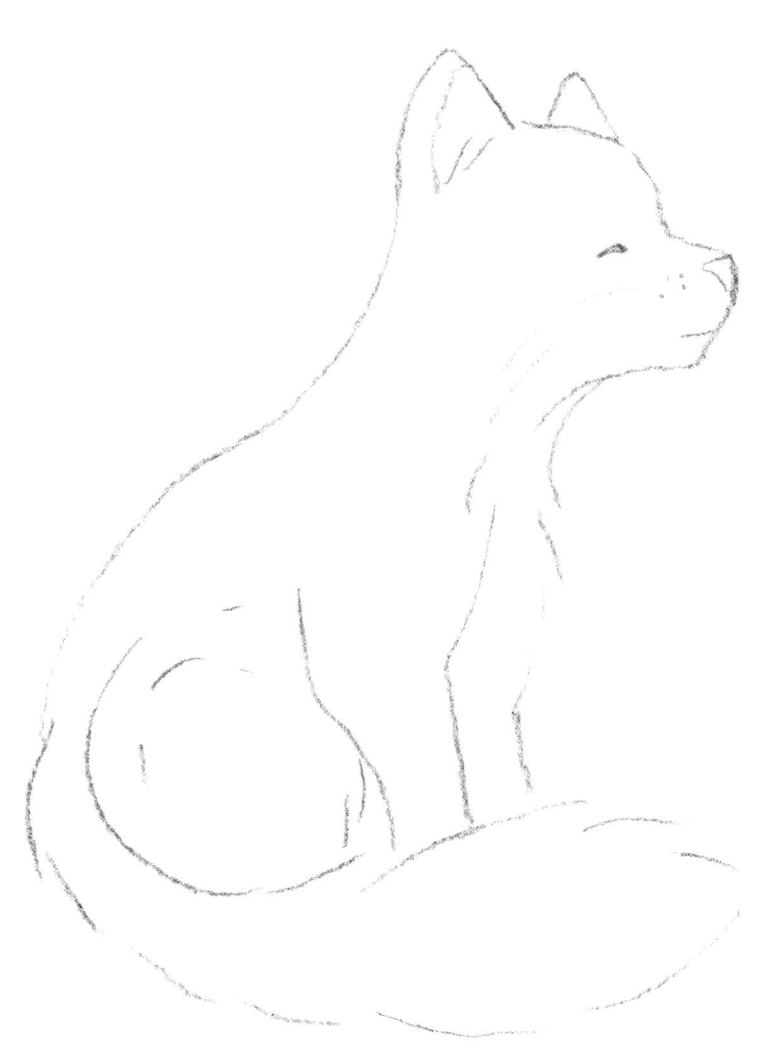

Fuchs

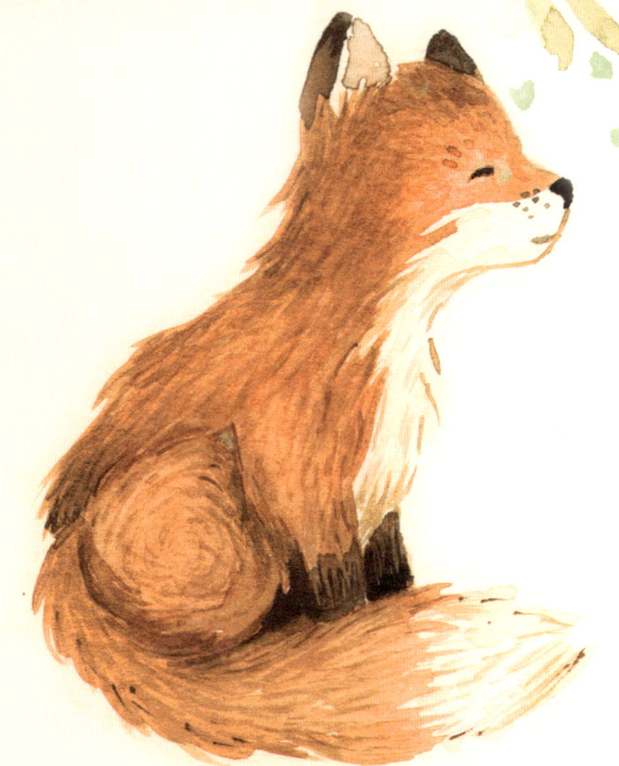

Dem kleinen Fuchs sieht an der Nasenspitze an, wie schlau er ist. Es macht richtig Spaß, ihn zu malen. Wenn Sie die weißen Bereiche unbemalt lassen, wird das Papier Teil des Kunstwerks.

Beachten Sie die Fellrichtung am Hinterkopf, und streichen Sie von hier aus in längeren Strichen den Rücken hinunter.

Farben

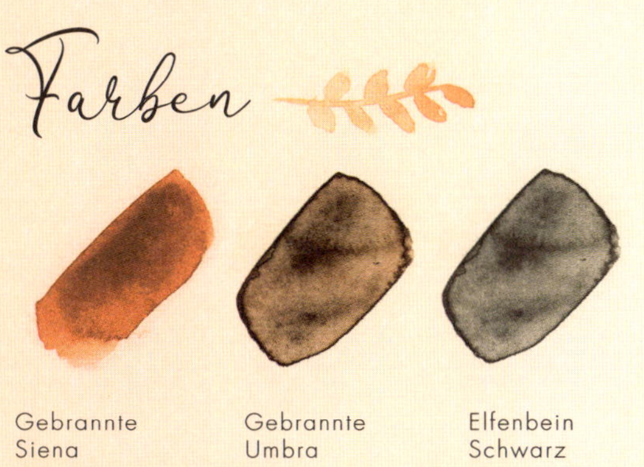

Gebrannte Siena

Gebrannte Umbra

Elfenbein Schwarz

Materialien

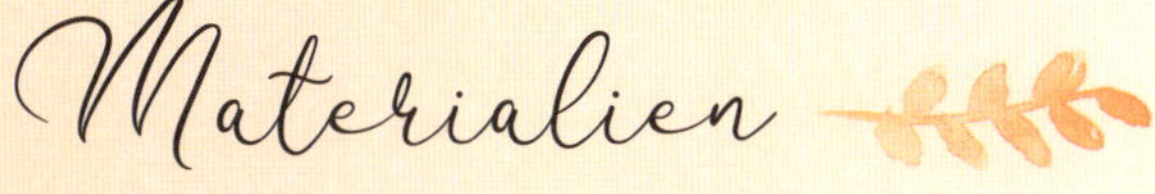

- Runder Aquarellpinsel (Größe 6)
- Detailpinsel
- 3 Aquarellfarben
- Schwarzer Tuschestift (optional)

1. Eine leichte Verdünnung Gebrannte Siena als Grundierung für den Körper auftragen, die weißen Bereiche unberührt lassen.

2. Lassen Sie die erste Schicht vollständig trocknen. Eine etwas stärker pigmentierte Mischung Gebrannte verwenden, um mit feinen Pinselstrichen über die Grundfarbe zu gehen. Malen Sie in der gleichen Farbe auf der rechten Seite der weißen Brust vereinzelte, dünne Striche, um der Brust eine Kontur zu geben.

3. Jeweils pigmentierte Farbtöne von Gebrannte Siena und Gebrannte Umbra abwechseln, um die Intensität der einzelnen Farbschichten zu erhöhen und Schattierungen am Kopf, dem Ansatz des buschigen Schwanzes und der Beine zu erzeugen. Beachten Sie dabei die stets gleichbleibende Strichrichtung.

4. Mit Gebrannte Siena und Gebrannte Umbra sowie dem Detailpinsel einzelne Fellbüschel in leichter Strichführung betonen.

5. Schattieren Sie die unteren Vorderläufe und die Spitzen der Ohren mit Gebrannte Umbra.

6. Die Details für das Gesicht mit einem Tuschestift oder Elfenbein Schwarz hinzufügen, wenn der vorherige Farbauftrag getrocknet ist.

Farbtest

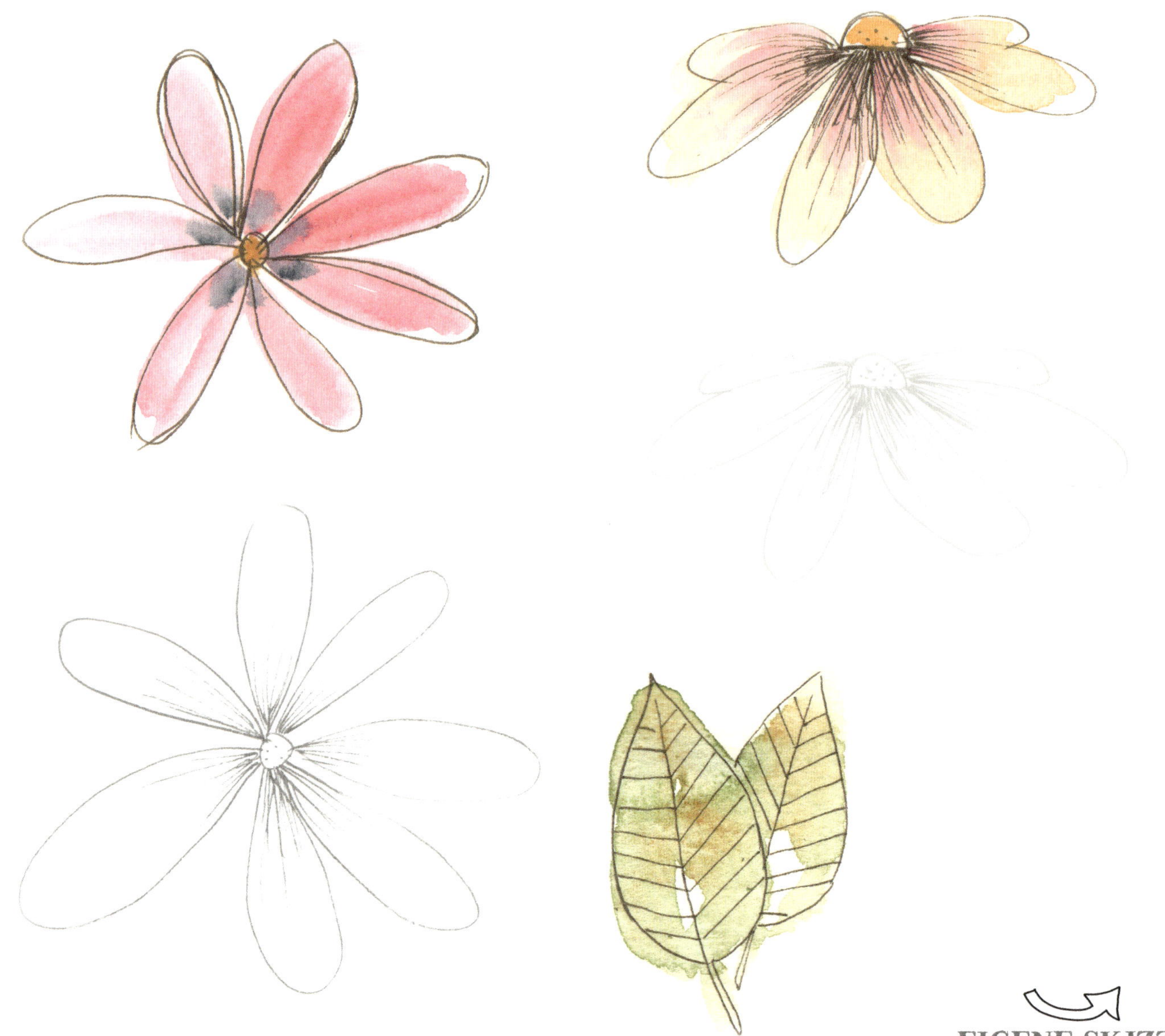

EIGENE SKIZZE

TUSCHE UND FARBE

Diese Mischtechnik von Zeichnung und Koloration bezeichnet eine Methode, bei der das Motiv zunächst mit Tusche gezeichnet und dann transparent koloriert wird.

Künstler verwenden diese Technik gerne im Freien, damit sie ihr Motiv schnell skizzieren können und erst später kolorieren.

Mit gefällt hier der Charakter einer leicht auf das Papier gebrachten Skizze. Ich versuche darum auch die Koloration etwas unvollkommen zu halten. Das heißt, es ist durchaus in Ordnung, wenn Sie mit der Farbe nicht exakt innerhalb der skizzierten Linien bleiben.

Mittels Tusche und verdünnter Aquarellfarbe deuten Sie lediglich an, wo die Farben erscheinen sollen, auf Details wird dabei kein Wert gelegt.

Für die nächsten Übungen benötigen Sie einen schwarzen Permanent Tuschestift oder Marker. Testen Sie den Stift stets zuerst, um sicherzustellen, dass er beim Kontakt mit Wasser nicht ausblutet! Sie können dies vorab auf einem Stück Papier ausprobieren, indem Sie etwas darauf kritzeln, die Zeichnung trocknen lassen und dann etwas Wasser darüberstreichen.

Meine Lieblingsstifte sind die Pigma Micron Stifte und die Tombow Fudenosuke Stifte.

Fangen wir mit den Übungen an!

Auf der linken Buchseite zeichnen Sie die vorgegebenen Linien mit dem Stift nach. Versuchen Sie, die Linienführung flüchtig und locker zu halten. Dann geben Sie leichte Farbverdünnungen in die Bereiche, die Sie tönen möchten. Tupfen, streichen, malen Sie die Farbe auf, ganz wie Sie möchten. Es ist in Ordnung, wenn weiße Stellen unberührt bleiben.

Libelle

Obwohl die Methode im Grunde recht einfach ist, wird dieses Projekt Ihnen helfen, sich mit der Mischtechnik Tusche und Farbe vertraut zu machen.

Die Tuschezeichnung wird mit leichter Hand zuerst auf das Papier gebracht, gefolgt von den Farbaufträgen. Sorgen Sie sich nicht, wenn Sie die Linien stellenweise übermalen. Dies macht die Aquarellzeichnung interessanter.

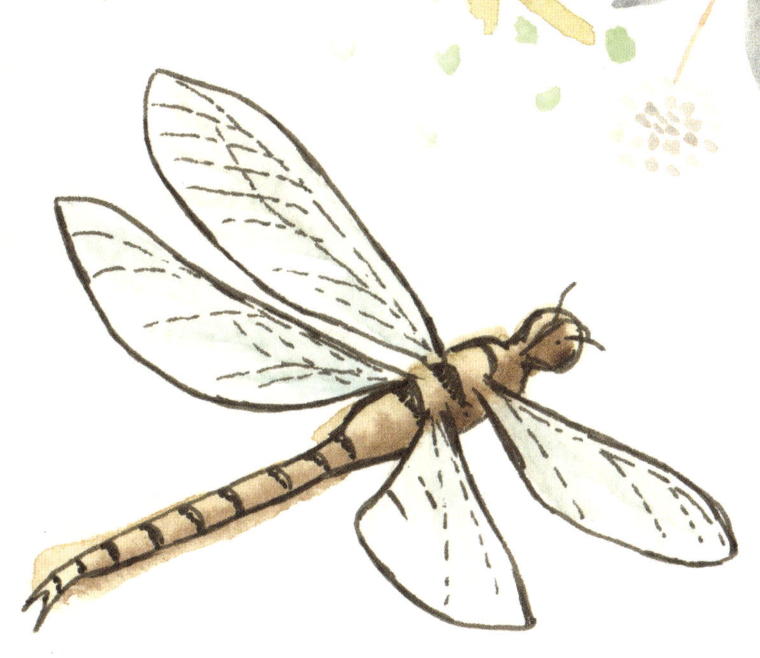

Farben

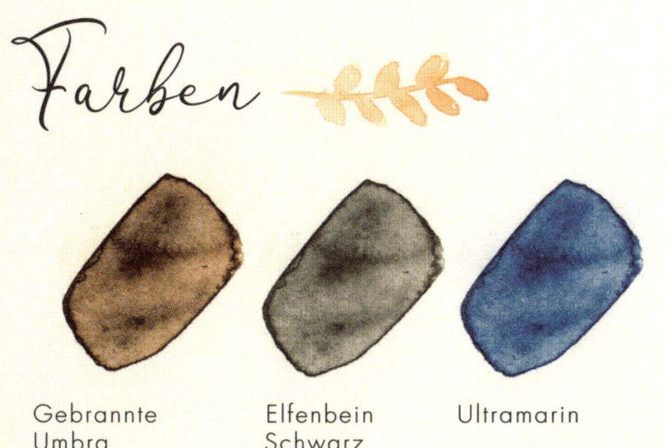

Materialien

- Schwarze Permanent Tuschestifte (Größen 5 + 1)
- Runder Aquarellpinsel
- 3 Aquarellfarben

1. Mit einem Tuschestift der Größe 5 die äußere Kontur der Libelle skizzieren.

2. Führen Sie die Details mit einem feineren Stift (z. B. Größe 1) und skizzenhaft unterbrochenen Linien aus.

3. Dann etwas Wasser mit einem Hauch Gebrannte Umbra mischen. Die Mischung auf den Libellenkörper direkt über den Tuschelinien auftragen, die Sie zuvor gezeichnet haben.

4. Wenn diese Schicht noch feucht ist, verteilen Sie eine dunklere Verdünnung Gebrannte Umbra auf der unteren Körperhälfte.

5. Wasser mit etwas Elfenbein Schwarz und einem Hauch Ultramarin mischen, um einen wirklich sehr hell transparenten Blauton zu erhalten. Diesen bringen Sie nun in schnellen, leichten Strichbewegungen auf den Flügeln an. Dabei den von zuvor mit Tusche skizzierten Linie folgen.

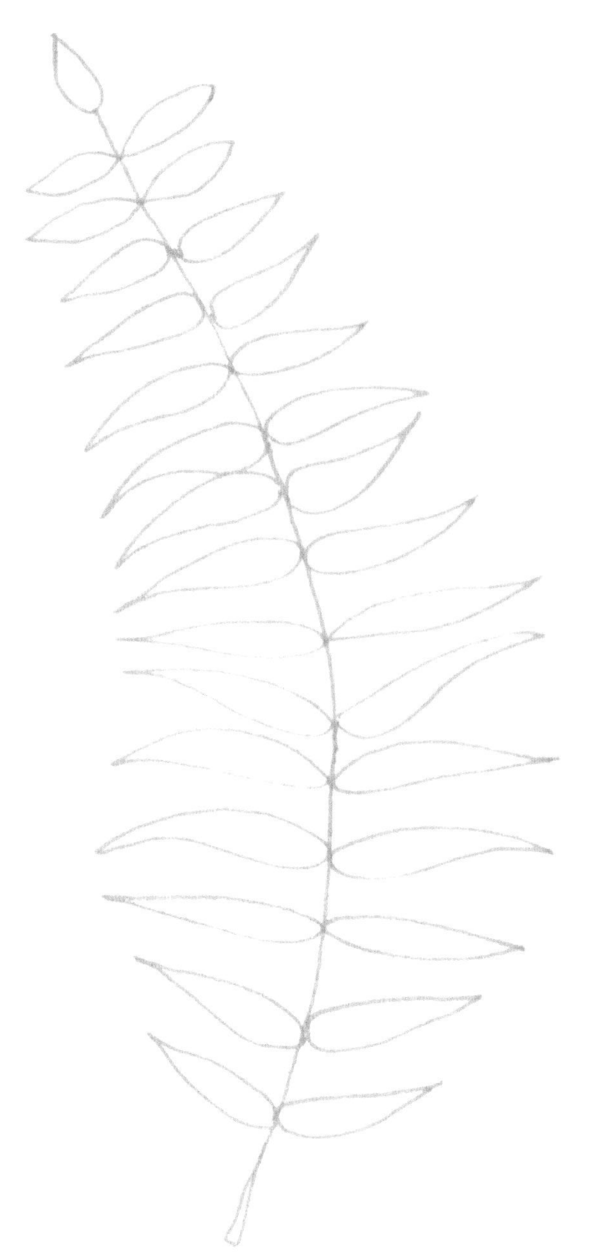

Ebereschenblatt

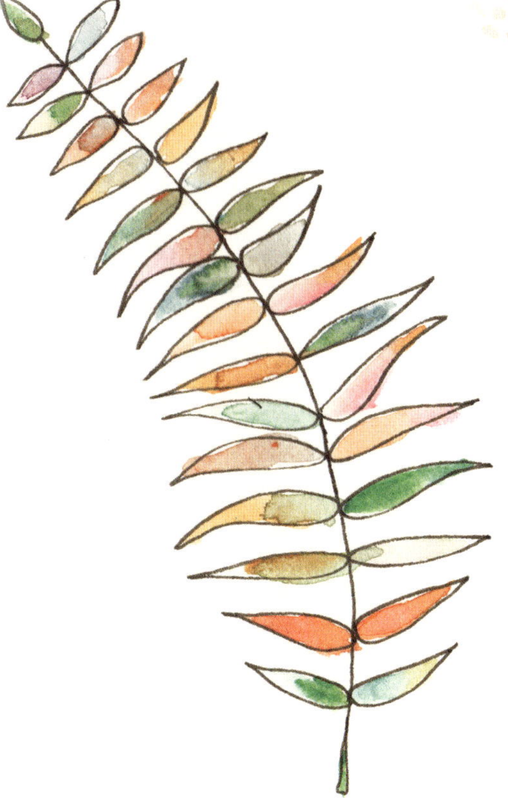

Lassen Sie Ihrer Fantasie freien Lauf und spielen Sie mit den Farben!

Verschiedene Nass-in-Nass-Farbaufträge verleihen jedem einzelnen Blattteil einen individuellen Look und dem gesamten Blattwedel einen gewissen Boho-Charme.

Farben

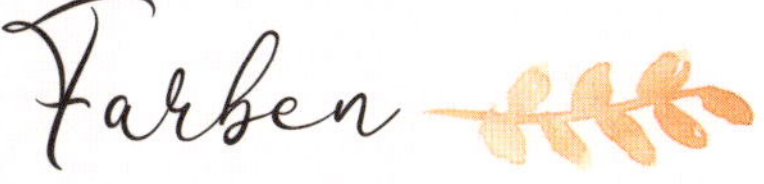

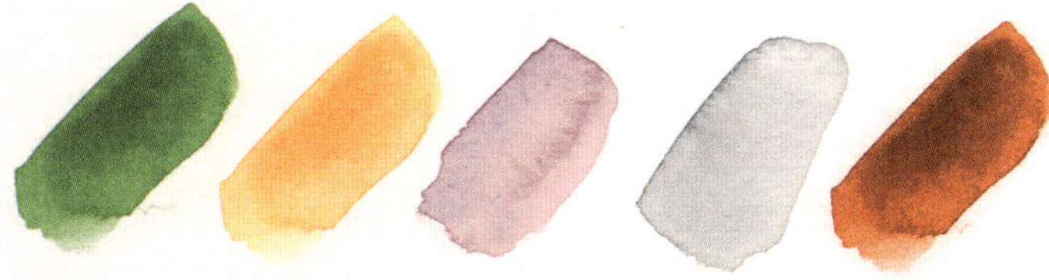

Hooker's Dunkelgrün | Ockergelb | Mauve | Indigo | Gebrannte Siena

Materialien

- Schwarzer Permanent Tuschestift
- Runder Aquarellpinsel (Größe 6)
- Diverse Aquarellfarben

1. Zunächst mit einem schwarzen Tuschestift oder Marker die Konturlinien zeichnen.
2. Dann verdünnen Sie eine Farbe Ihrer Wahl mit Wasser und tupfen sie mit der Pinselspitze vorsichtig auf eines der Blätter.
3. Einen weiteren Tupfer einer zweiten Farbe in dasselbe Blatt geben und die Farben ineinanderlaufen lassen.
4. Setzen Sie diese Methode bei jedem einzelnen Blatt fort, wobei Sie die Farben teilweise wechseln, aber einige Farbpaarungen auch einfach wiederholen.

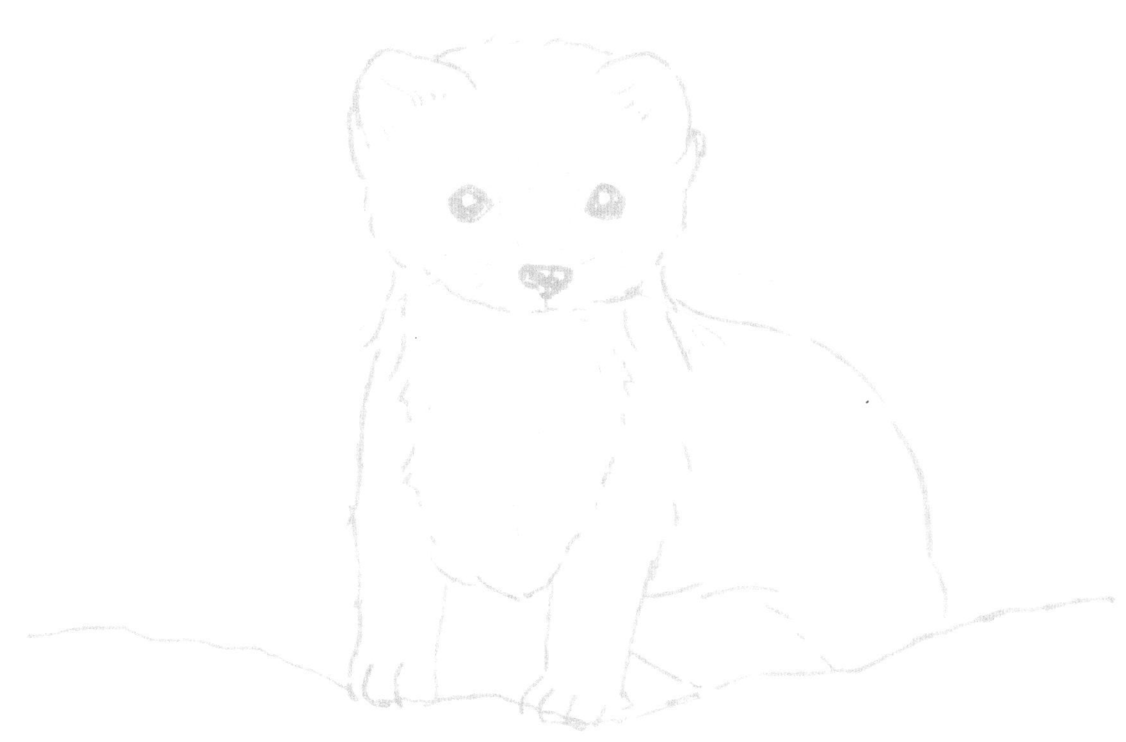

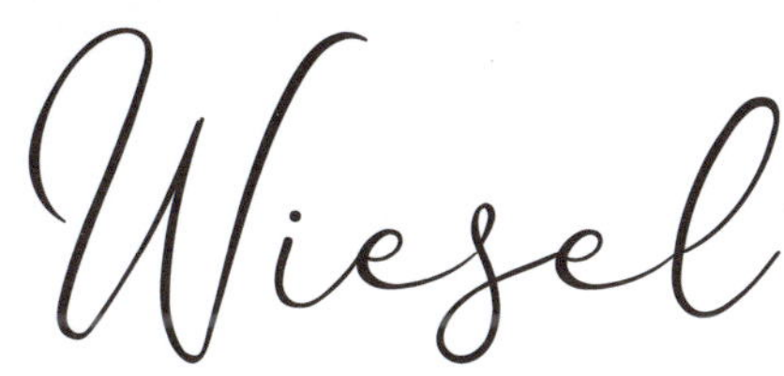

Dieses kleine Wiesel wird im Grunde mit nur zwei Farben gemalt, in jeweils unterschiedlichen Verdünnungen, so dass sowohl hellere als auch dunklere Mischungen entstehen. Mit kräftigen, kurzen Strichen gestalten Sie das Fell. Für die Schnurrhaare und die Details im Gesicht wird ein Stift mit feinerer Spitze verwendet.

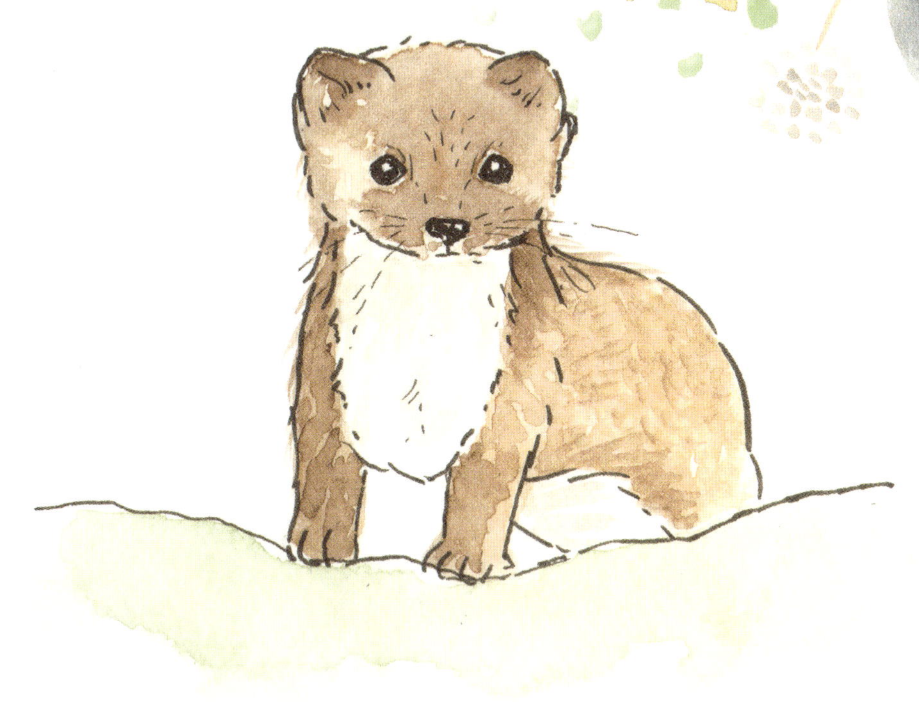

Farben

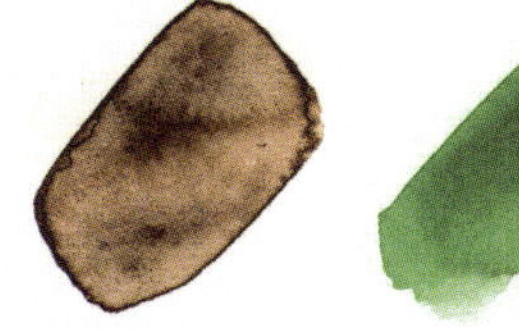
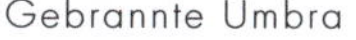

Gebrannte Umbra

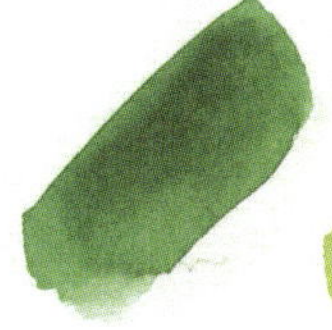

Hooker´s Dunkelgrün

Saftgrün

Materialien

- Schwarze Permanent Tuschestifte (Größen 3 + 1)
- Runder Aquarellpinsel
- 3 Aquarellfarben

1. Mit einem permanenten Tuschestift in Größe 3 die Kontur des Wiesels zeichne. Halten Sie die Linien lückenhaft bzw. unterbrochen.
2. Den Körper mit einer leichten Verdünnung von Gebrannte Umbra malen, die weißen Brust- und Bauchpartien aussparen.
3. Wenn die erste Schicht getrocknet ist, tragen Sie eine weitere Schicht in einer geringeren Verdünnung von Gebrannte Umbra in kurzer, lockerer Strichführung auf, um den typischen Fell-Effekt zu erzielen.
4. Mit etwas verdünnter Gebrannte Umbra leicht über die Brust streichen, um den Schatten im Nacken bzw. am oberen Vorderbein zu erzeugen.
5. Ergänzen Sie die Details des Gesichts und die Schnurrhaare mit einem Tuschestift der Größe 1.
6. Mit einer Verdünnung von Saftgrün abschließend die Grasnarbe andeuten.

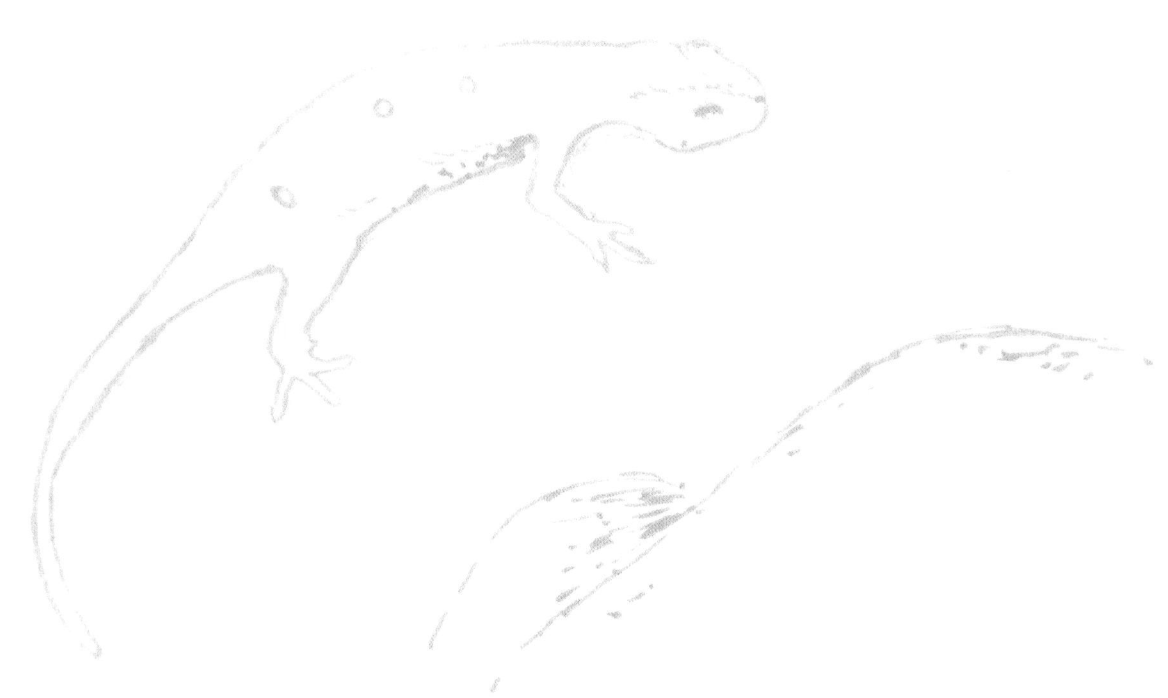

Salamander

Die schlichte Form des Salamanders wird interessanter, wenn Sie einzelne Details mit einem permanenten Tuschestift hinzufügen.

Obwohl das Gestein einfarbig ist, können Sie durch Hinzufügen gestrichelter Linien- und Punkte die Struktur andeuten.

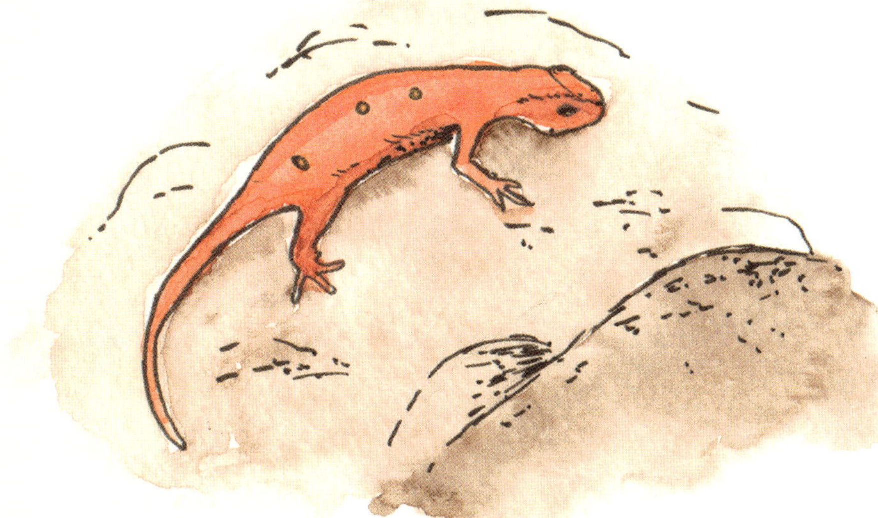

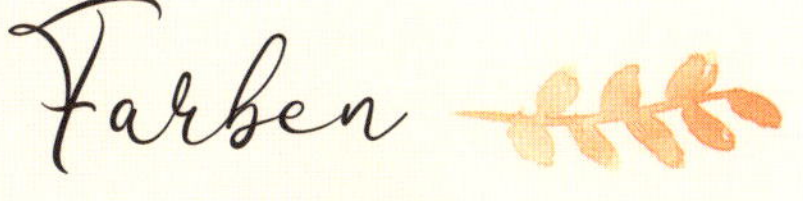

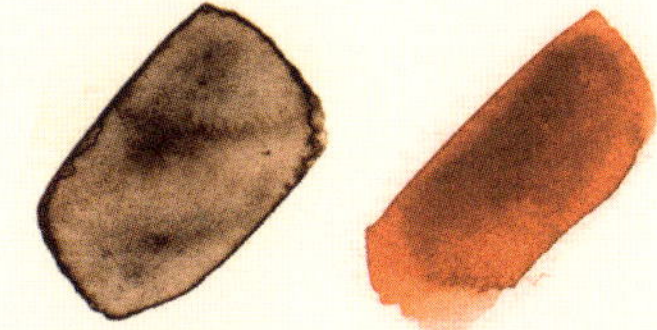

Gebrannte Umbra Gebrannte Siena

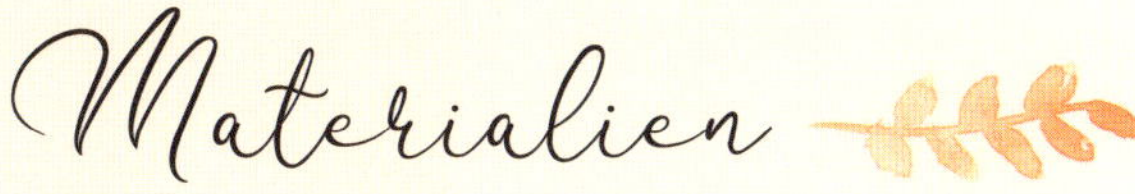

- Schwarzer Permanent Tuschestift (Größe 3)
- Runder Aquarellpinsel (Größe 6)
- 2 Aquarellfarben

1. Zunächst die Grundierung auftragen. Hierfür eine leichte Verdünnung von Gebrannte Umbra verwenden.

2. Geben Sie dem Salamander mit dem schwarzen Tuschestift eine Kontur, und fügen Sie die innen liegenden Details hinzu, nachdem die Grundierung getrocknet ist.

3. Dann den Körper des Salamanders mit einer Verdünnung von Gebrannte Siena kolorieren und die Farbe trocknen lassen.

4. Fügen Sie eine weitere Schicht der gleichen Verdünnung von Gebrannte Siena dort hinzu, wo Sie Schattierungen hervorrufen möchten, z. B. am Bauch, am Oberkörper und Kopf.

5. Abschließend mit dem Tuschestift Details und skizzenhafte Linien auf dem Felsgestein anbringen.

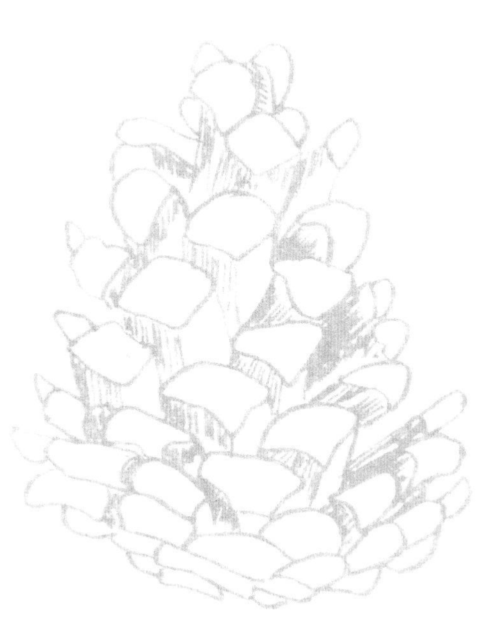

Pinienzapfen

Tannenzapfen eignen sich hervorragend für illustrierte Weihnachtskarten und winterliche Motive!

Der Hauptteil dieses Tannenzapfens wird mit einer Tuscheskizze erstellt, gefolgt von ein paar leichten Pinselstrichen in Grün. Versuchen Sie, beim Kolorieren des Tannenzapfens leere Zwischenräume zu lassen, um den Eindruck matter Reflexionen zu erzeugen.

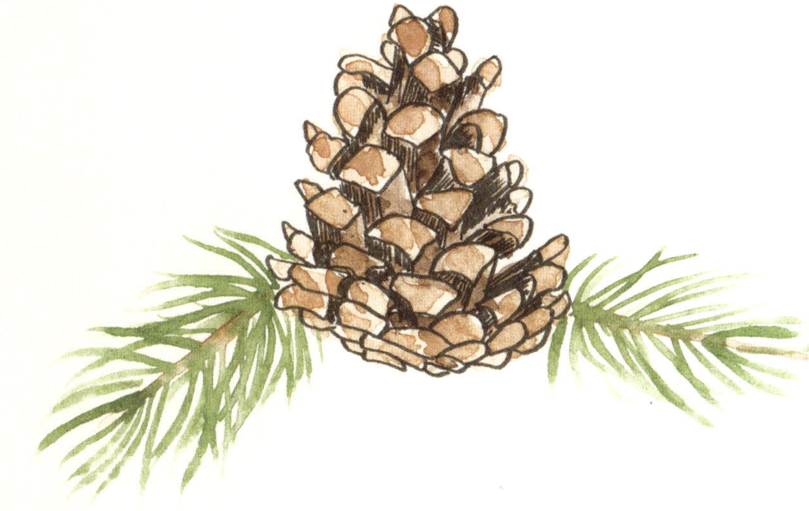

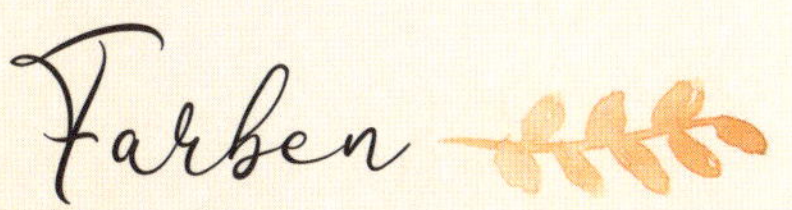

Farben

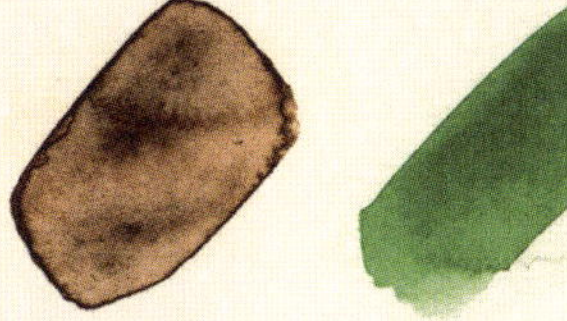

Gebrannte Umbra

Hooker´s Dunkelgrün

Materialien

- Schwarzer Permanent Tuschestift (Größe 3)
- Runder Aquarellpinsel (Größe 3)
- Detailpinsel
- 2 Aquarellfarben

1. Mit einem permanenten Tuschestift die Konturen des Tannenzapfens nachziehen. Beziehen Sie die Bereiche für Schattierungen mit ein, indem Sie hier leicht schraffieren.

2. Mit einer leichten Verdünnung von Gebrannte Umbra beginnen, um die Grundierung für den Tannenzapfen zu schaffen.

3. Wenn diese Schicht vollständig getrocknet ist, tupfen Sie mit Gebrannte Umbra dunklere Bereiche auf, um die Plastizität hervorzuheben. Mit der Farbe sowohl in die inneren Bereiche des Zapfens als auch auf einige der Spitzen gehen.

4. Mit einem feinen Detailpinsel die mittleren Stiele der Kiefernnadeln mit Gebrannte Umbra nachzeichnen. Streichen Sie dann mit leichter Hand die Nadeln in langen, halb gebogenen Linien mit Hooker´s Dunkelgrün büschelweise auf.

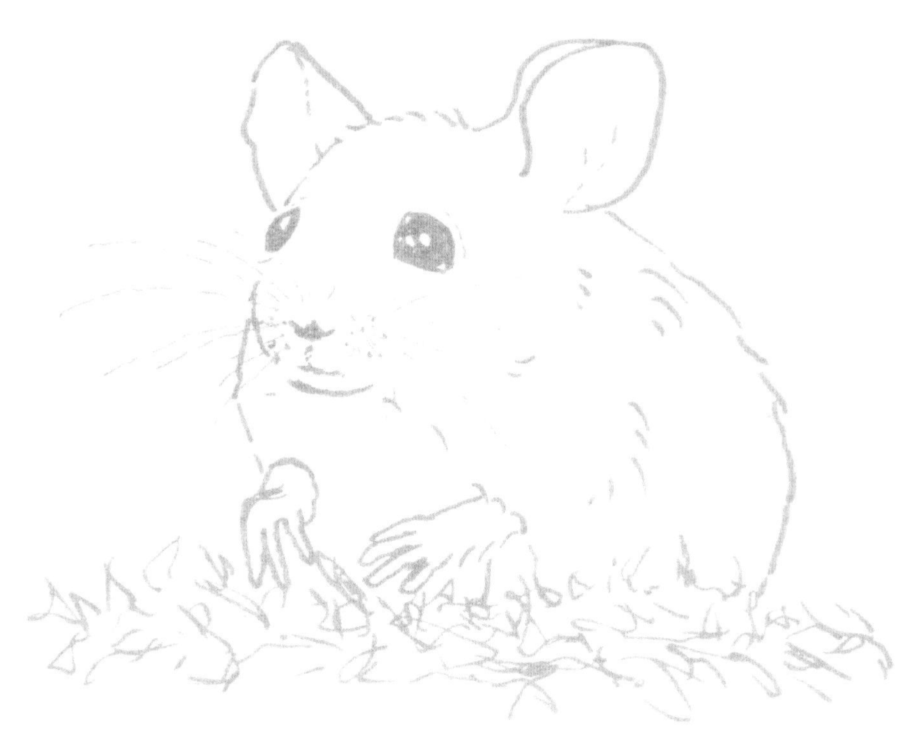

Maus

Klein, aber oho! Für diese kleine Maus benötigen Sie nur zwei Farben in unterschiedlichen Verdünnungen und zwei Tuschestifte. Die Umrisse sind lückenhaft und schnörkellos gehalten, kleine, rosafarbene Akzente hellen das Motiv auf. Wenn einige Linien um den Körper herum unterbrochen bleiben, wird der natürliche Look von echtem Fell betont.

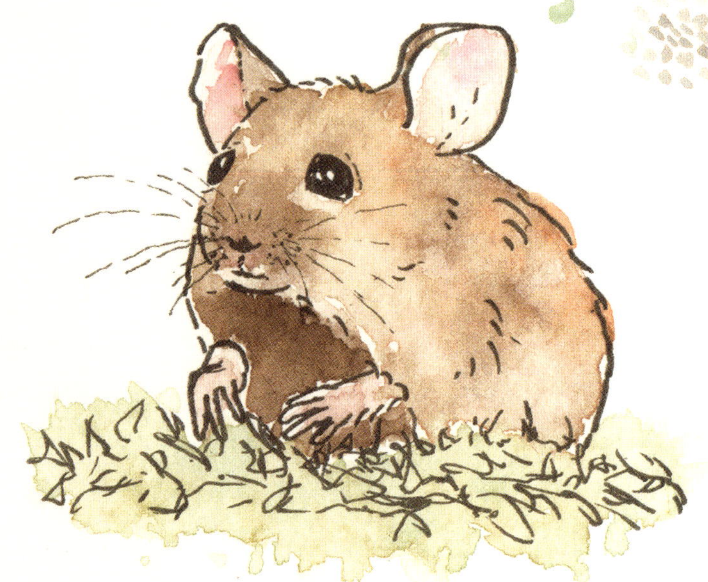

Farben

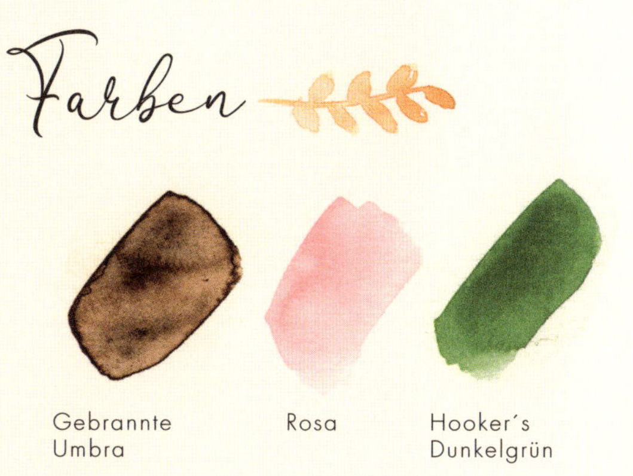

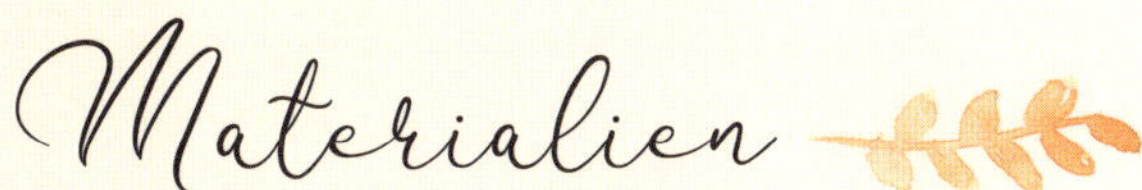

Materialien

- Schwarze Permanent Tuschestifte (Größen 1 + 5)
- Runder Aquarellpinsel (Größe 6)
- 3 Aquarellfarben

1. Zunächst mit einem permanenten Tuschestift der Größe 5 die skizzierten Umrisse der Maus erstellen. Halten Sie einige der äußeren Linien lückenhaft und unterbrochen, um den natürlichen Look des Fells zu erzeugen.

2. Am Körper einige Detaillinien anbringen, um die Wuchsrichtung des Fells anzudeuten.

3. Skizzieren Sie die Konturen der Grasfläche ebenfalls mit dem Tuschestift.

4. Mit einem feineren Stift (Größe 1) die Barthaare und Details im Gesicht hinzufügen. Wenn einige der Linien unterbrochen bleiben, wirken die Schnurrhaare so, als würden sie das Licht reflektieren.

5. Befeuchten Sie das Motiv mit klarem Wasser und geben Sie einen Hauch Gebrannte Umbra hinzu. Lassen Sie die Farbe verlaufen. Wenn nötig mit dem Pinsel etwas nachhelfen. Tupfen Sie dann einige dunklere Punkte um die Nase und auf den Bauch.

6. Wenn das Papier getrocknet ist, noch etwas Rosa auf die Ohren und die Pfoten geben.

7. Den Boden mit Hooker´s Dunkelgrün gestalten.

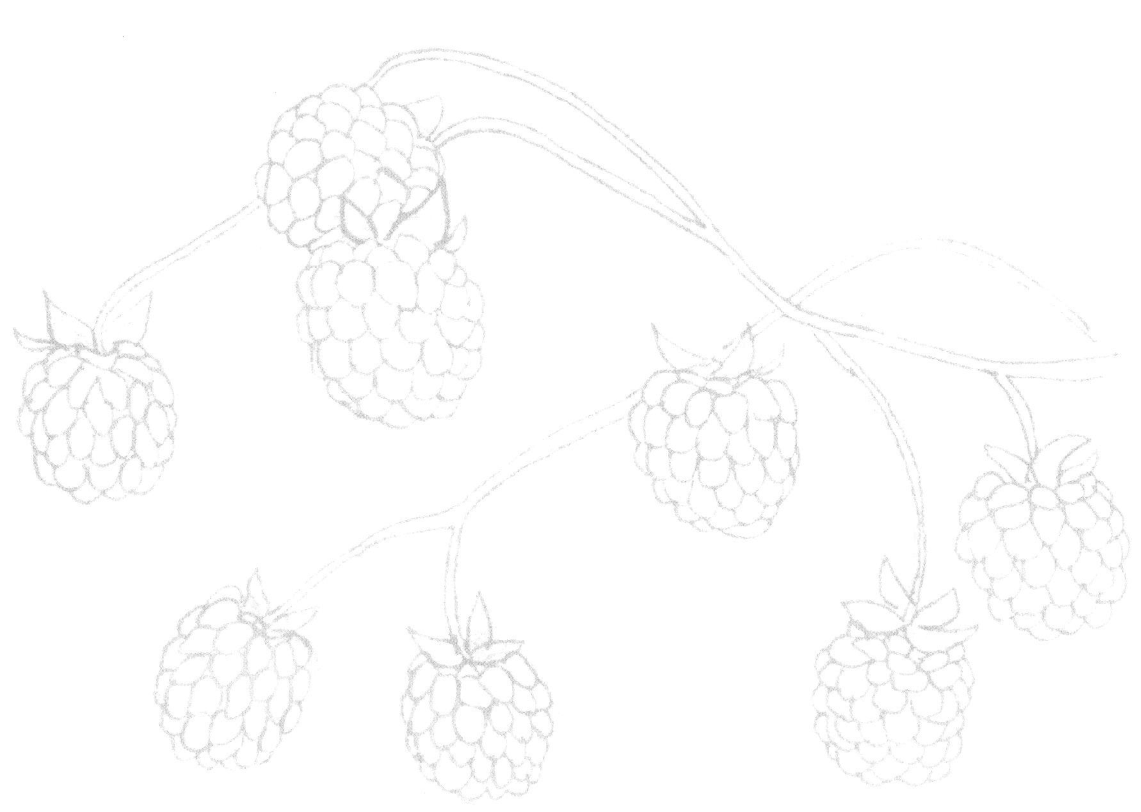

Himbeeren

Hier fungiert ein verdünnter Farbauftrag in Nass-in-Nass-Technik als Hintergrund für die Himbeeren.

Die Beeren und Stängel werden mit leicht geführter Hand getönt. Die Konturen können ruhig etwas übermalt werden und die Himbeeren müssen nicht vollkommen flächig ausgemalt werden. Das gibt dem Motiv einen sommerlich leichten Look.

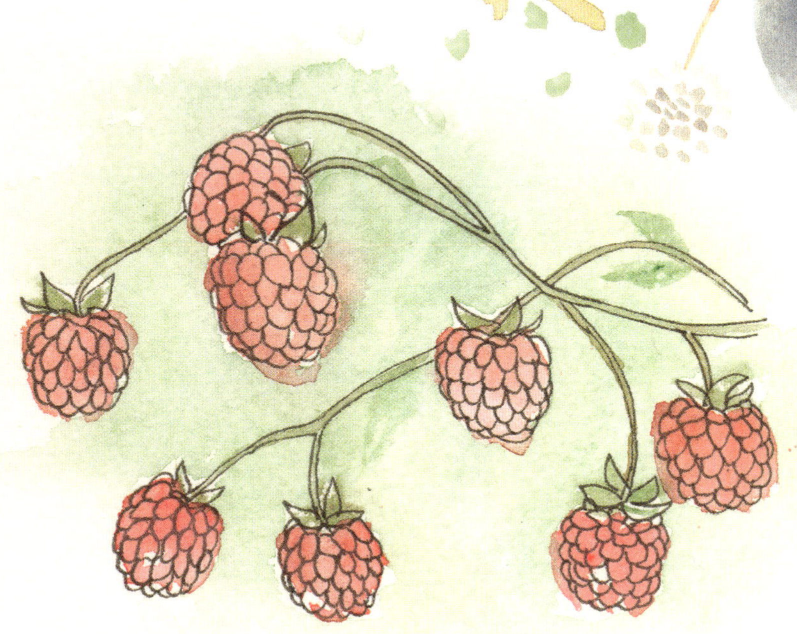

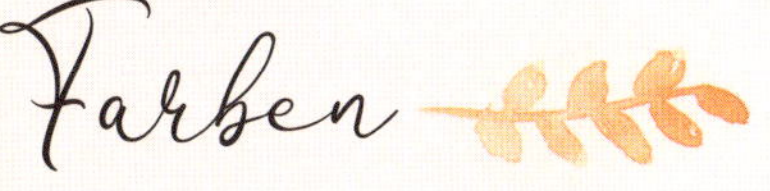

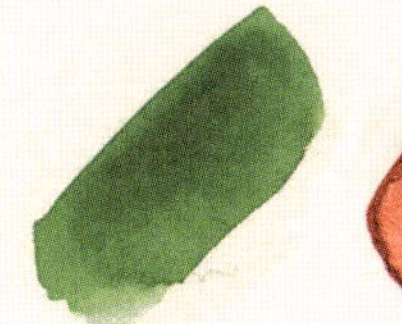

Hooker´s Dunkelgrün

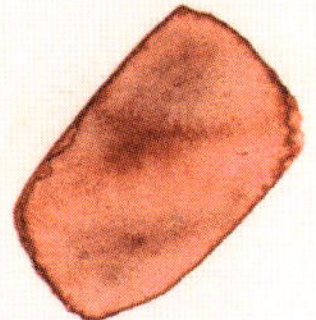

Indisch Rot

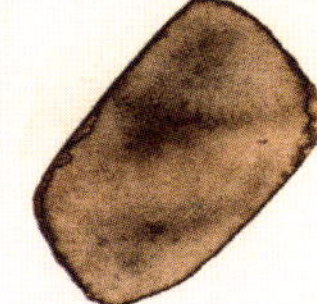

Gebrannte Umbra

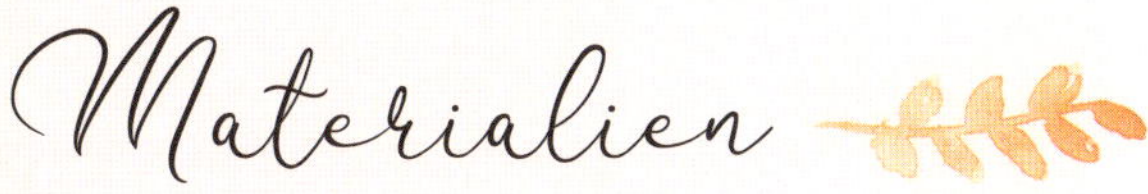

- Schwarzer Permanent Tuschestift (Größe 1)
- Runder Aquarellpinsel (Größe 3)
- 3 Aquarellfarben

1. Mit einem schwarzen, dünnen Permanent Tuschestift (Größe 1) die Konturen und Samendetails der Himbeeren zeichnen.

2. Für den Farbauftrag des Hintergrundes, tragen Sie mit einem Pinsel sauberes Wasser auf das Papier auf. Darauf achten, dass Sie die Himbeeren selbst nicht berühren.

3. Eine Verdünnung von Hooker´s Dunkelgrün auf das nasse Papier tropfen und die Beeren von der Farbe umfließen lassen.

4. Ist der Farbauftrag für den Hintergrund vollkommen getrocknet, tönen Sie die Himbeeren im Dry-Brush-Verfahren mit Indisch Rot und die Stiele bzw. Stängel mit einer Mischung aus Hooker´s Dunkelgrün und Gebrannte Umbra.

5. Die Fruchtblattansätze der Himbeeren mit der verdünnten Farbmischung Hooker´s Dunkelgrün kolorieren. Wenn Sie mögen, fügen Sie an den Stielen weitere, kleine Blätter hinzu.

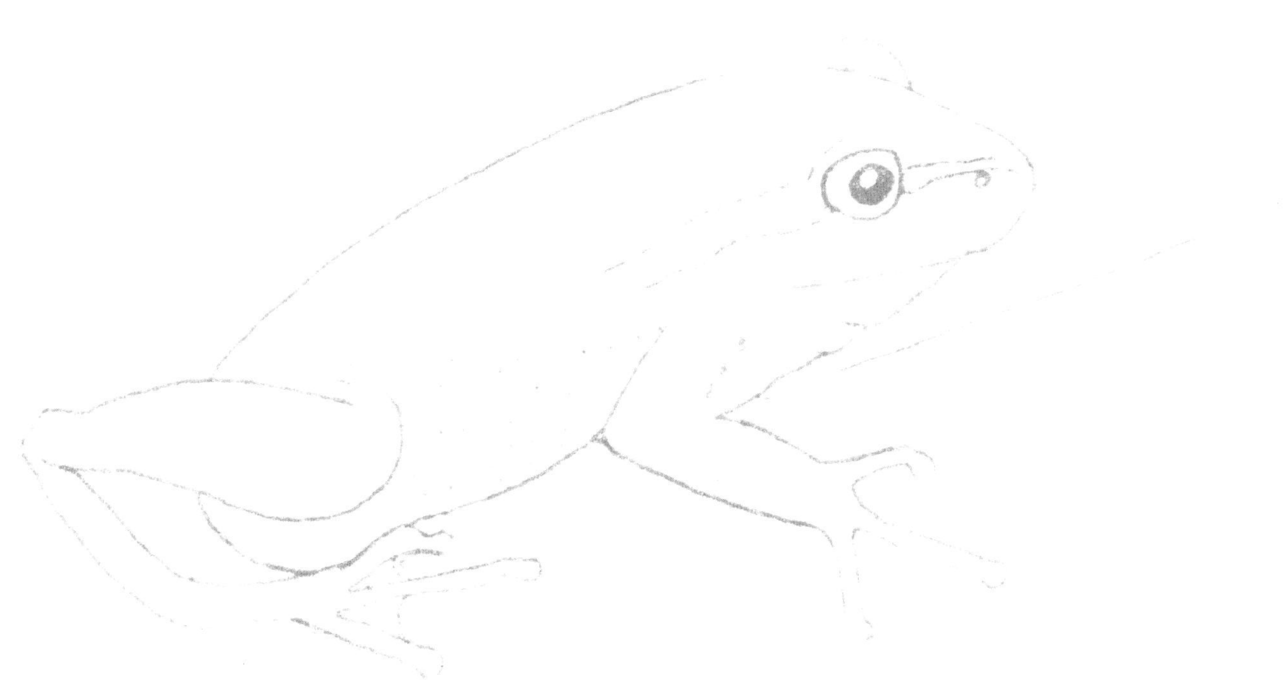

Laubfrosch

Die Nass-in-Nass Technik eignet sich hervorragend, um diesen Laubfrosch natürlich und einzigartig aussehen zu lassen. Die zarten Farbverdünnungen deuten die Farben lediglich an, anstatt besonders realistisch wiedergegeben zu werden. Denken Sie also daran, dass Ihr Werkstück unter Verwendung von Tusche und verdünnter Farbe nicht perfekt sein muss! Hierbei gilt: Weniger ist oft mehr.

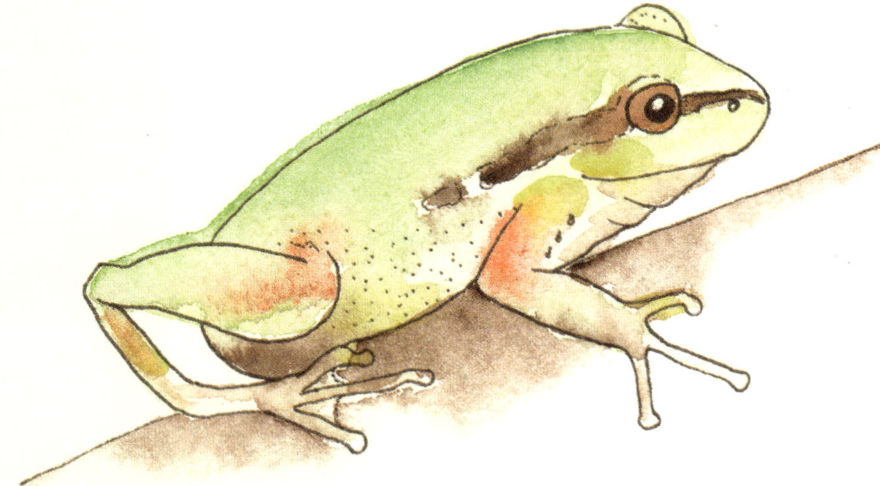

Farben

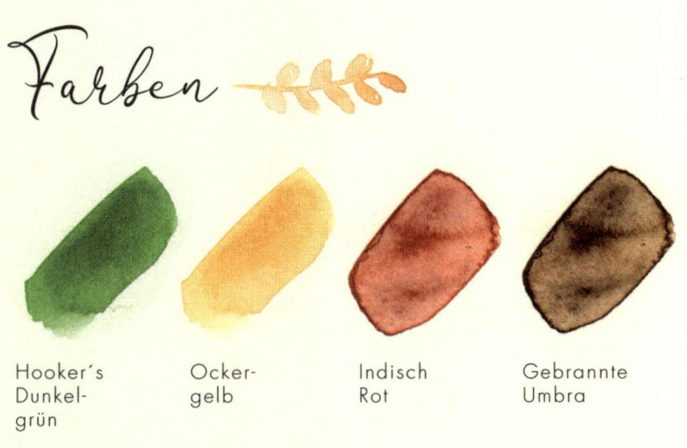

Materialien

- Schwarzer Permanent Tuschestift (Größe 1)
- Runder Aquarellpinsel (Größe 6)
- 4 Aquarellfarben

1. Den Frosch mit einem schwarzen Permanent Tuschestift skizzieren und im Bauchbereich Punktdetails hinzufügen. Skizzieren Sie auch den Augapfel.
2. Kolorieren Sie dann den gesamten Körper des Frosches mit Wasser. Darauf achten, dass die Finger filigran ausgestrichen werden.
3. Geben Sie etwas Hooker's Dunkelgrün oben auf den Körper des Frosches, und lassen Sie die Farbe nach unten hin verblassen. Sie können das Papier bei Bedarf leicht anheben, damit die Farbe besser zerfließt.
4. Kleine Flecken Ockergelb und Indisch Rot auf den Körper tupfen, um dem Motiv mehr Dynamik zu verleihen.
5. Ist der Farbauftrag des Körpers etwas getrocknet, Gebrannte Umbra für die dunkleren Bereiche am Bauch, dem Hinterbein, am Auge und im Gesicht hinzufügen.
6. Den Ast deuten Sie mit Gebrannte Umbra an.

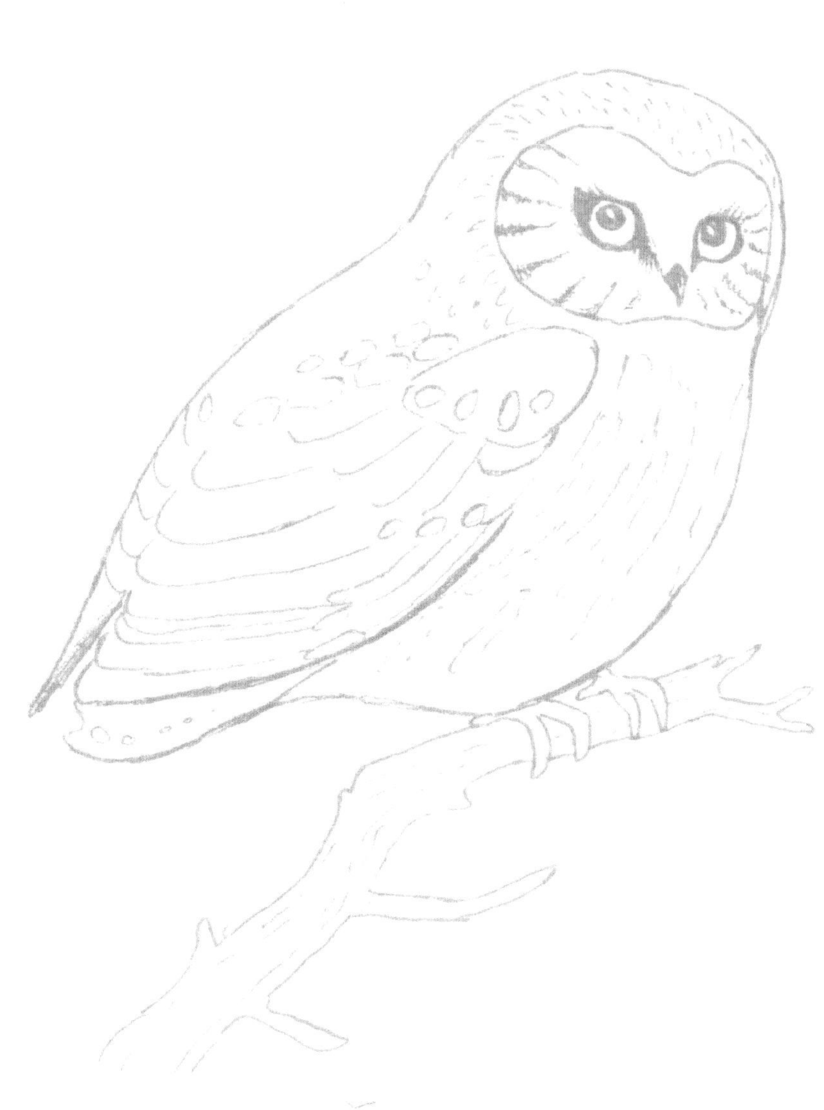

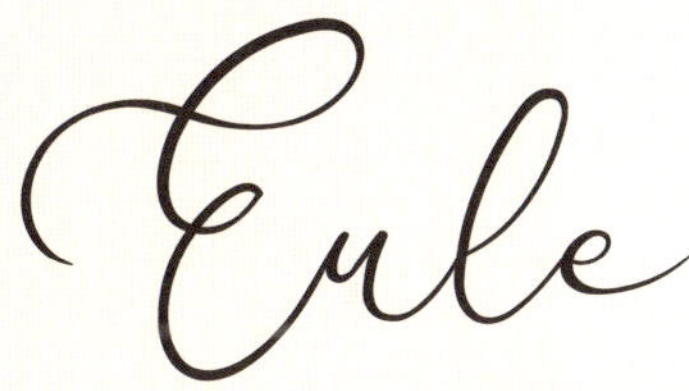

Die Kontur der Eule wird recht scharf umrissen und dann in der Nass-in-Nass Technik in den Farben Gebrannte Umbra und Gebrannte Siena getönt. Ein Ast verleiht Atmosphäre und bringt zusätzlich Farbe, während mit einem weißen Gelstift die weißen Details des Körpers ergänzt werden.

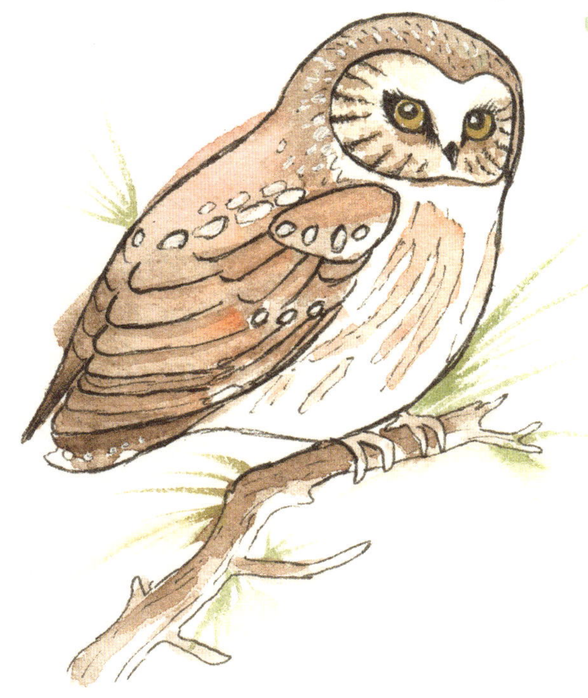

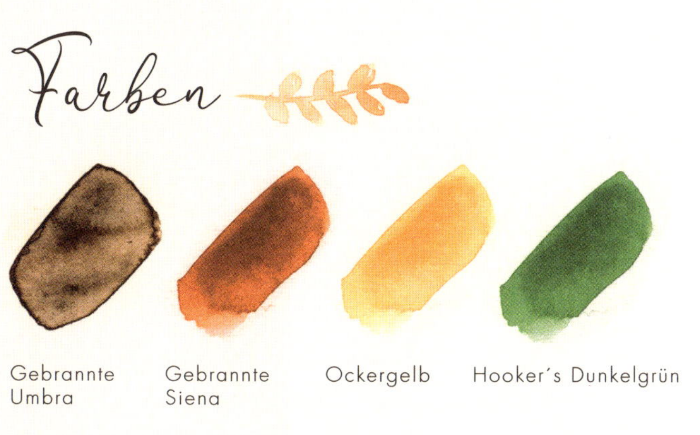

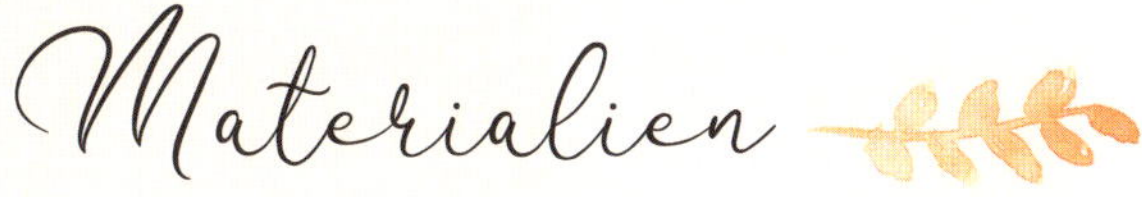

- Schwarzer Permanent Tuschestift (Größe 5)
- Runder Aquarellpinsel (Größe 6)
- 4 Aquarellfarben
- Weißer Gelstift

1. Die Eule mit einem schwarzen Permanent Tuschestift Größe skizzieren und die Details am Flügel und im Gesicht ergänzen.

2. Dann den Körper der Eule befeuchten. Sparen Sie dabei die weißen Bereiche auf der Brust und im Gesicht aus. Tragen Sie stellenweise ein wenig Gebrannte Umbra, gefolgt von einem Hauch Gebrannte Siena auf. Die Farben miteinander verschmelzen lassen. Das Papier ggf. seitlich etwas anheben.

3. Auf der Brust deuten Sie das Federkleid lediglich mit zarten Strichen in der gleichen Farbe an. Den Ast mit etwas Gebrannte Umbra kolorieren, wobei weiße Bereiche als Reflexionen verbleiben.

4. In die Augen tragen Sie ein wenig Ockergelb in der Dry-Brush-Technik auf. Den Federkranz um das Gesicht herum mit Gebrannte Siena ausarbeiten.

5. Mit einem weißen Gelstift die Augenpunkte setzen.

6. Abschließend geben Sie noch etwas Gebrannte Umbra auf den Zweig und deuten Sie die Blätter mit langen Strichen in Hooker´s Dunkelgrün an.

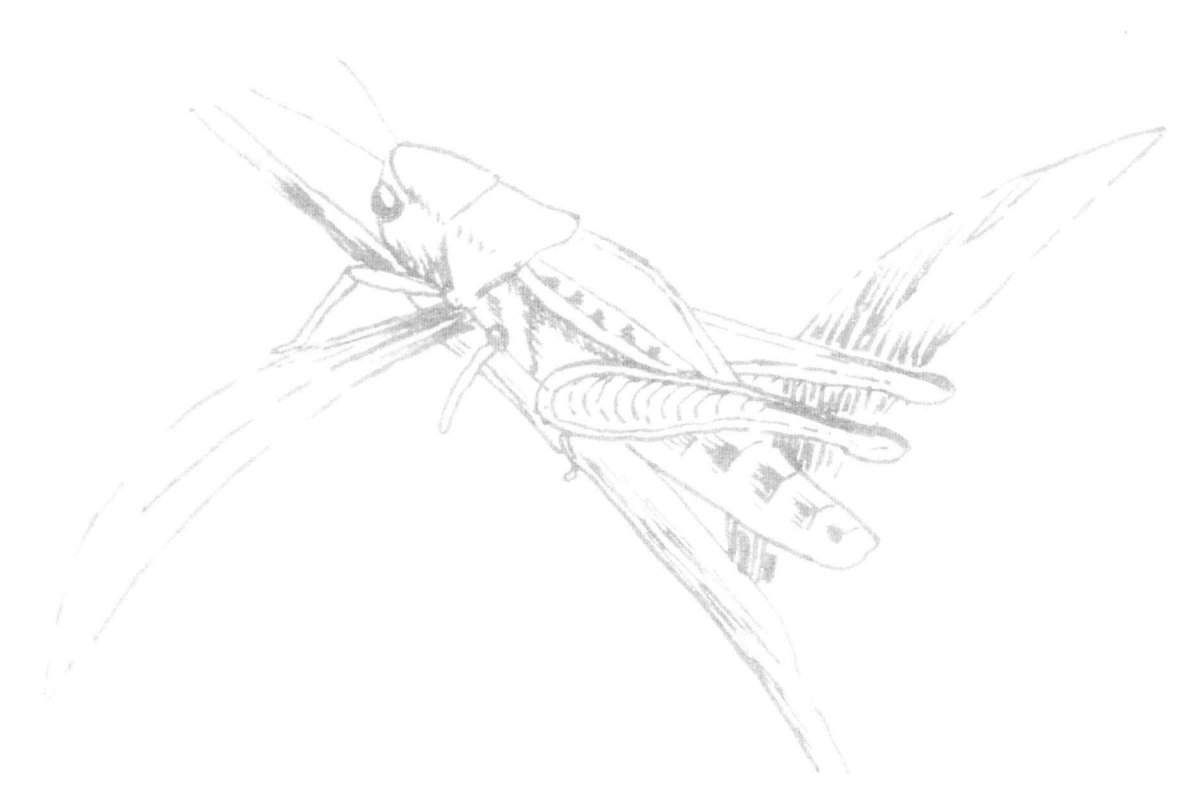

Grashüpfer

Grashüpfer passen sich gerne fast unsichtbar an ihre Umgebung an. Mischen Sie also für dieses Motiv einige unterschiedliche Grüntöne.

Verwenden Sie für die Konturen und Details einen feinen Tuschestift. Größe 1 eignet sich sehr gut für das gesamte Motiv.

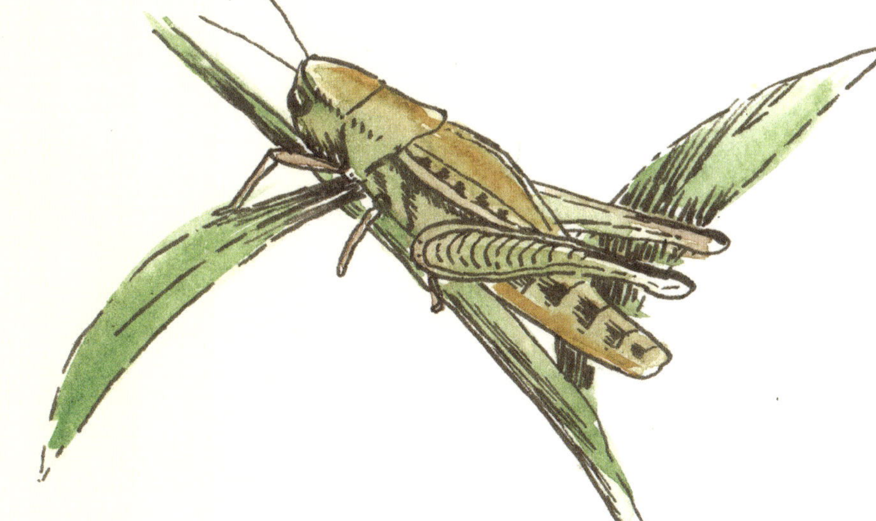

Farben

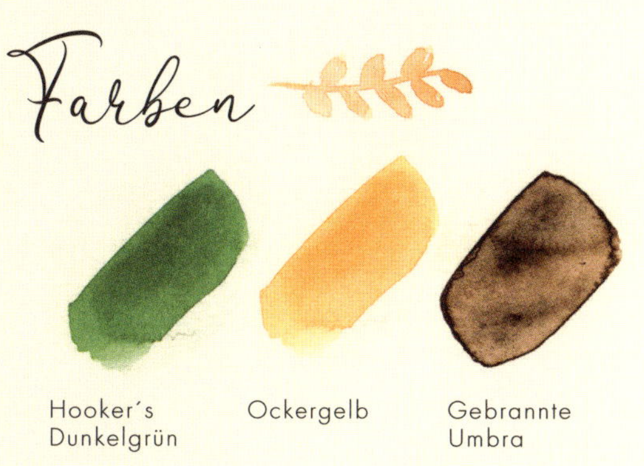

Materialien

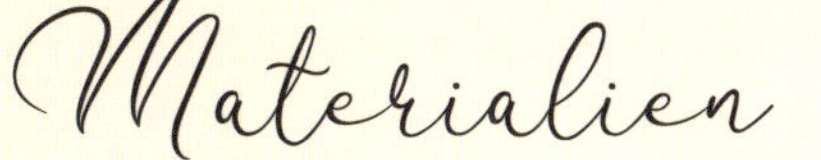

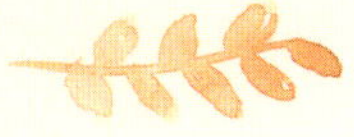

- Schwarzer Permanent Tuschestift (Größe 1)
- Runder Aquarellpinsel (Größe 3)
- 3 Aquarellfarben

1. Die Umrisse des Grashüpfers mit dem feinen Tuschestift skizzieren und dann die Bereiche, die dunkler erscheinen sollen, mit dünnen Strichen bzw. einer angedeuteten Schraffur hinzufügen.

2. Mischen Sie alle drei Farben miteinander, um das goldfarbene Grün für den oberen Teil des Körpers zu erhalten. Diese Farbmischung auf die Oberseite des Kopfes und den Rücken sowie an der Unterseite des Schwanzes auftragen.

3. Während dieser Farbauftrag noch feucht ist, die übrigen Bereiche des Körpers mit einer Mischung aus Hooker´s Dunkelgrün und etwas Ockergelb gestalten. Denken Sie daran, dass es vollkommen in Ordnung ist, wenn einige weiße, nicht kolorierte Flecken bestehen bleiben. Dies unterstreicht den skizzenhaften Charakter des Motivs.

4. Den Pflanzenstiel und die Blätter mit Hooker's Dunkelgrün tönen und eine leichte Verdünnung von Gebrannte Umbra auf die Beine geben.

Waldlilie

Diese wunderschöne Waldlilie wird vor allem mit schwarzem Tuschestift skizziert, der Farbauftrag ist minimal und zurückhaltend.

Zum Schattieren verwenden Sie am besten einen Stift mit feiner Spitze. Bauen Sie die Linienführung in kurzen Strichen schrittweise auf.

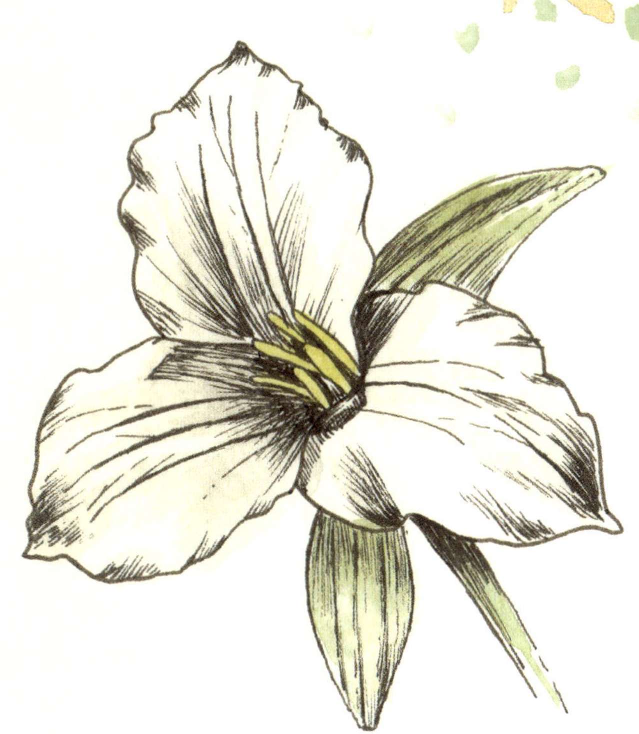

Farben

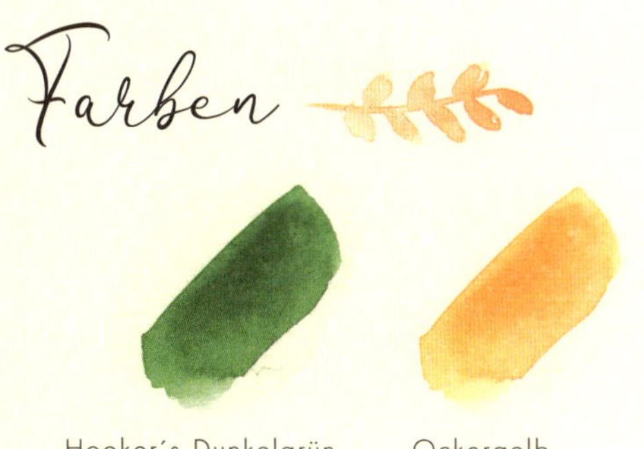

Hooker´s Dunkelgrün   Ockergelb

Materialien

- Schwarzer Permanent Tuschestift (Größe 1)
- Runder Aquarellpinsel (Größe 6)
- 2 Aquarellfarben

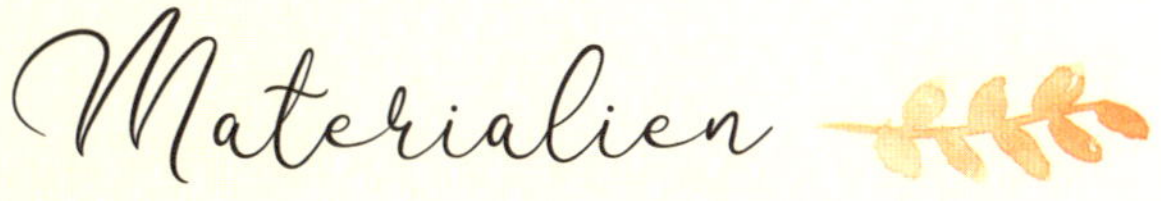

1. Zunächst die Konturen der Blütenblätter zeichnen. Fügen Sie dann die Details in der Mitte und die Hauptadern in den Blütenblättern hinzu.

2. Mit leichter Hand feine Striche in die dunkleren Bereiche der Blütenblätter setzen, um Schattierungen und die Formgebung zu gestalten. Sie können das Resultat auch mittels einer Schraffur herbeiführen.

3. Wenden Sie die gleiche Technik auf den Blättern und dem Blütenstiel an.

4. Etwas Hooker´s Dunkelgrün mit Ockergelb mischen. Die Blätter und den Stiel tönen Sie dann mit dieser Mischung ab. Für den mittleren Bereich eine etwas kräftigere Mischung verwenden.

5. Ockergelb zu einem sehr hellen, transparent wirkenden Farbton verdünnen, den Sie mit schnellen, leichten Bewegungen auf jedes Blütenblatt geben, um Plastizität zu erzeugen.

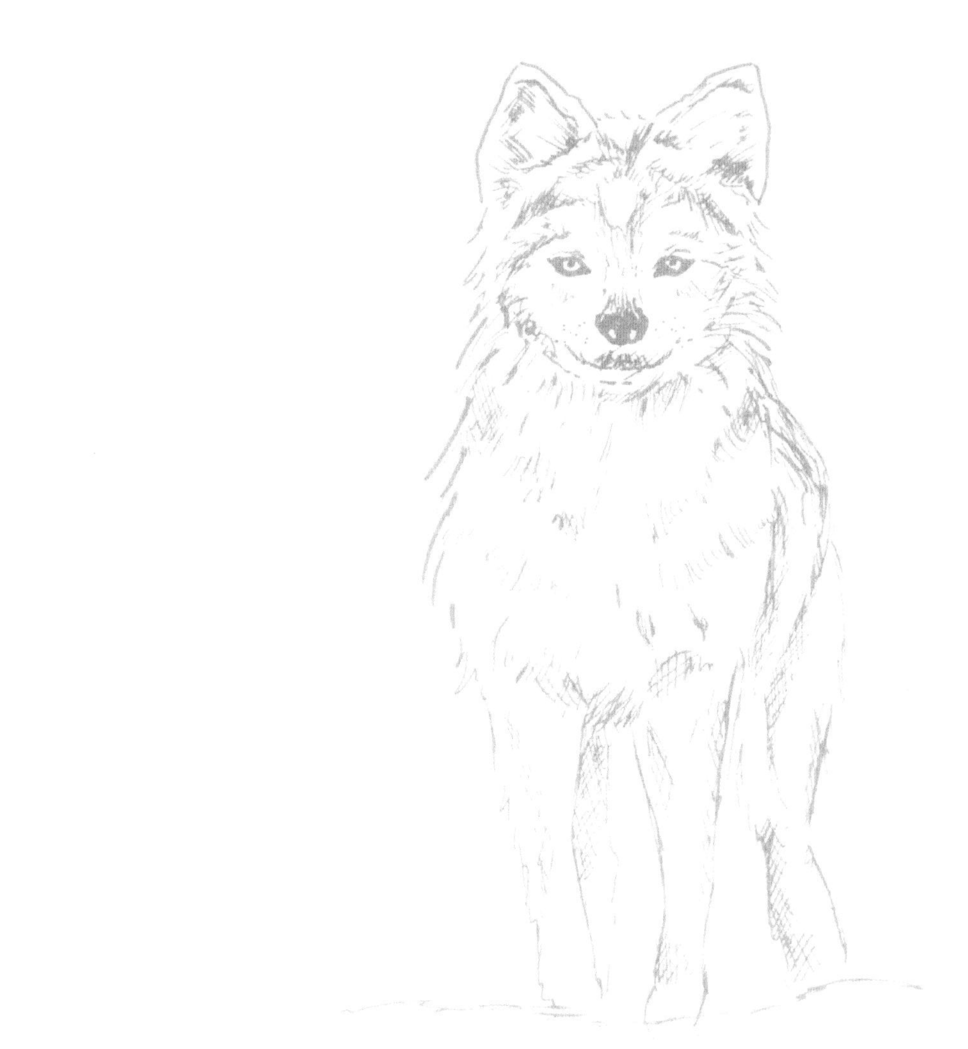

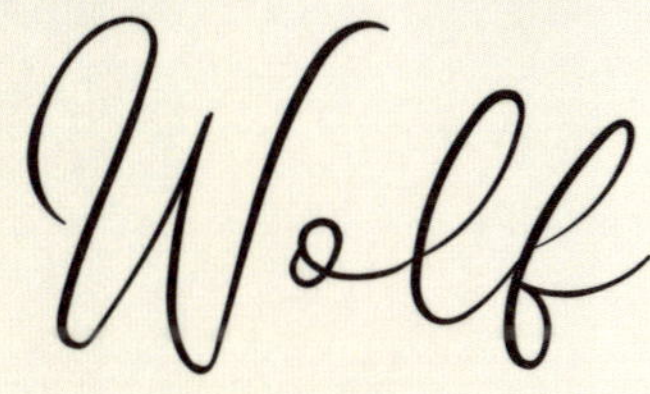

Mit einer Mischung aus Grau- und Brauntönen erzielen Sie die charakteristische Farbgebung des Wolfsfells.

Die skizzierten Linien wirken leicht und werden bei den Außenkonturen in kürzere Striche unterbrochen, um dem Motiv Textur und Schattierung zu verleihen.

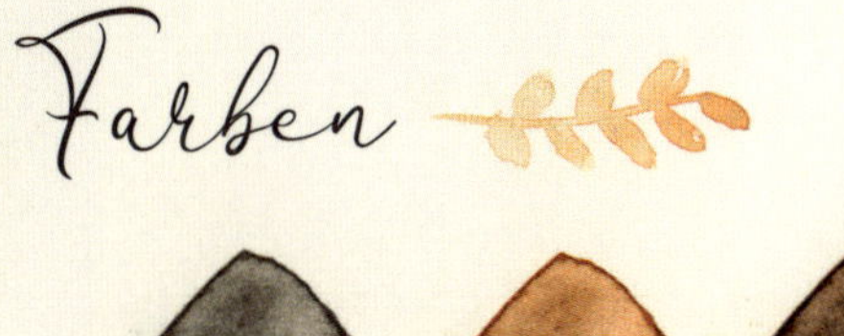

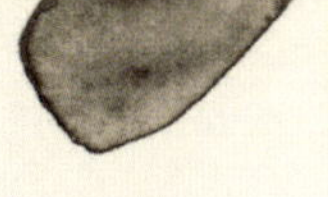

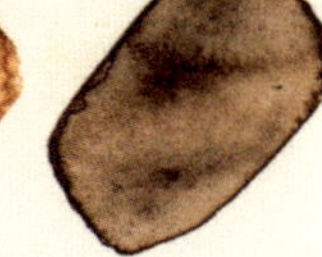

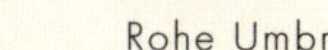

Paynesgrau Rohe Umbra Gebrannte Umbra

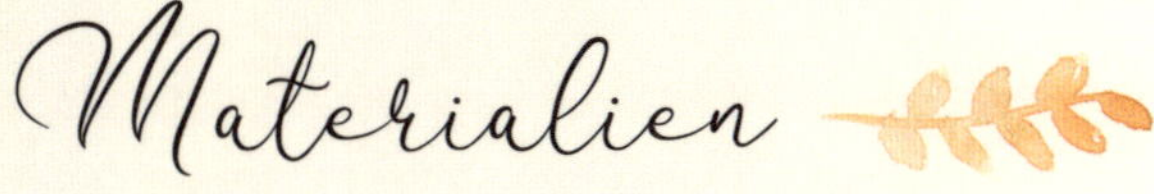

- Schwarze Permanent Tuschestifte (Größen 3 + 1)
- Runder Aquarellpinsel (Größe 6)
- 3 Aquarellfarben

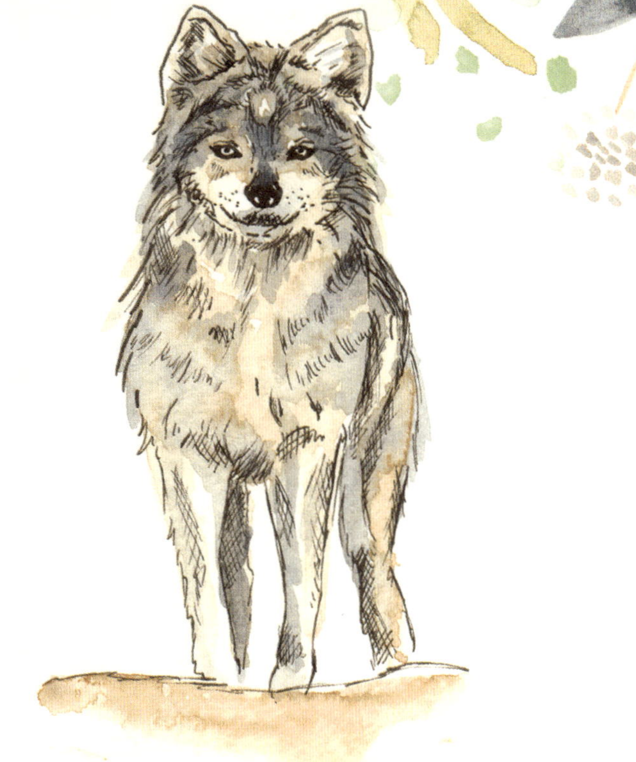

1. Mit einem schwarzen Tuschestift Größe 3 den Körper des Wolfes skizzieren. Denken Sie daran, die Konturen verwischt und gebrochen zu halten, um die natürliche Struktur des Fells zu imitieren.

2. Mit einem schwarzen Tuschestift Größe 1 kurze Linien auf der Brust, im Gesicht und an den Beinen entlangführen, um den Fell-Effekt zu vervollkommnen. Sie können einige Bereiche, z. B. die Beine, schraffieren, um hier für dunklere Schattierungen zu sorgen.

3. Skizzieren Sie die Augen, malen Sie die Nase aus, und vervollständigen Sie die Details im Gesicht mit dem feineren Tuschestift.

4. Mit einer Verdünnung von Paynesgrau den Körper und den Kopf ausmalen, dabei den Großteil der Farbe im Kopfbereich verteilen.

5. Während dieser Farbauftrag noch feucht ist, Rohe Umbra und Gebrannte Umbra auf dem übrigen Körper verteilen. Die Farben stellenweise ruhig etwas ineinanderlaufen lassen. Weiße Stellen einfach unbearbeitet lassen.

6. Abschließend deuten Sie den Boden mit Rohe Umbra an.

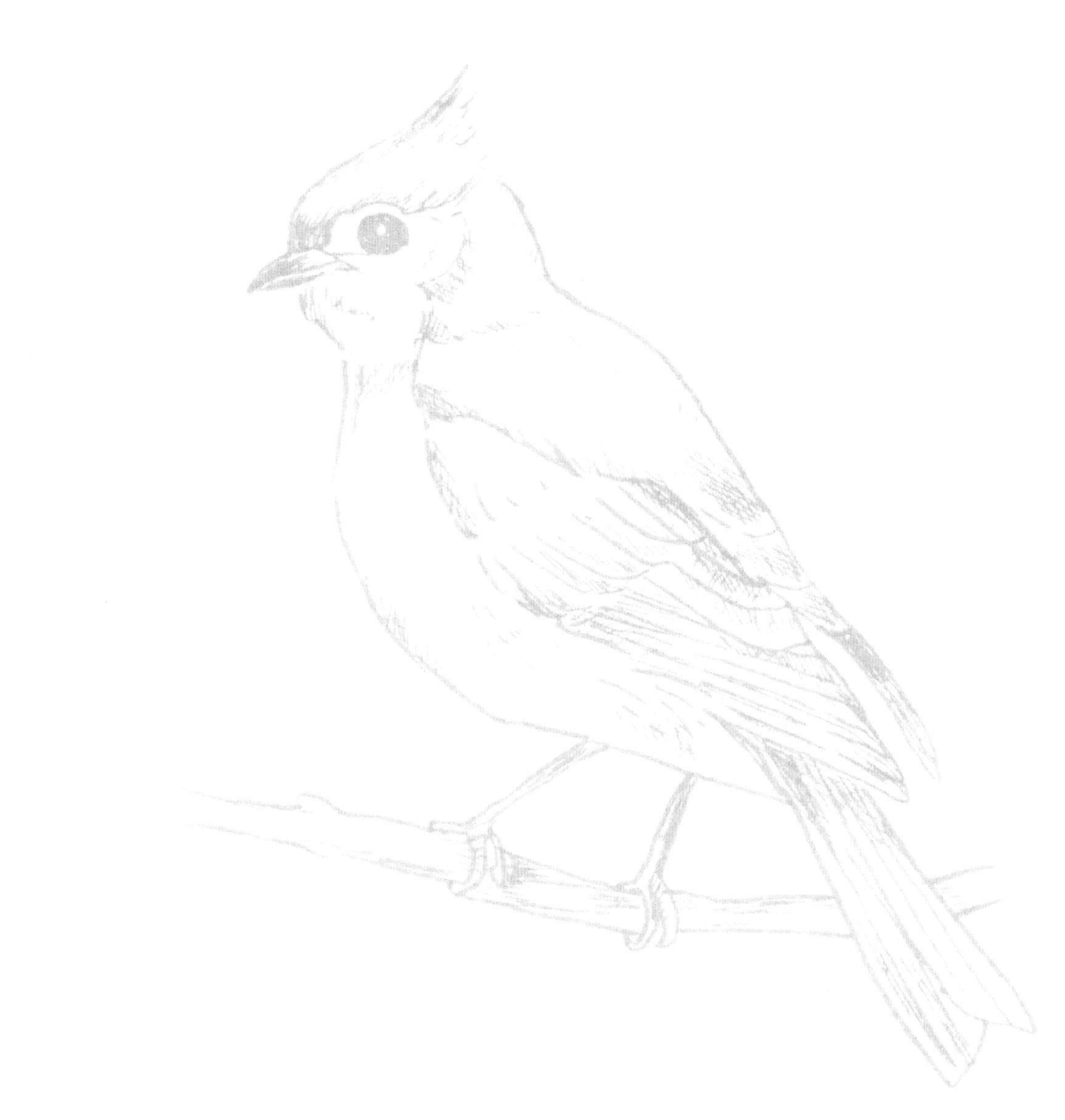

Graumeise

Die zierliche Graumeise entsteht in der Nass-in-Nass Technik. So lassen sich die wunderbaren Farbverläufe im Federkleid gut erzeugen. Wenn zwischen den verschiedenfarbigen Bereichen ein kleiner weißer Bereich verbleibt, können die Farben nicht ungewollt zusammenlaufen. Schattierungen und Details erzeugen Sie mit dünnen Tuschestrichen.

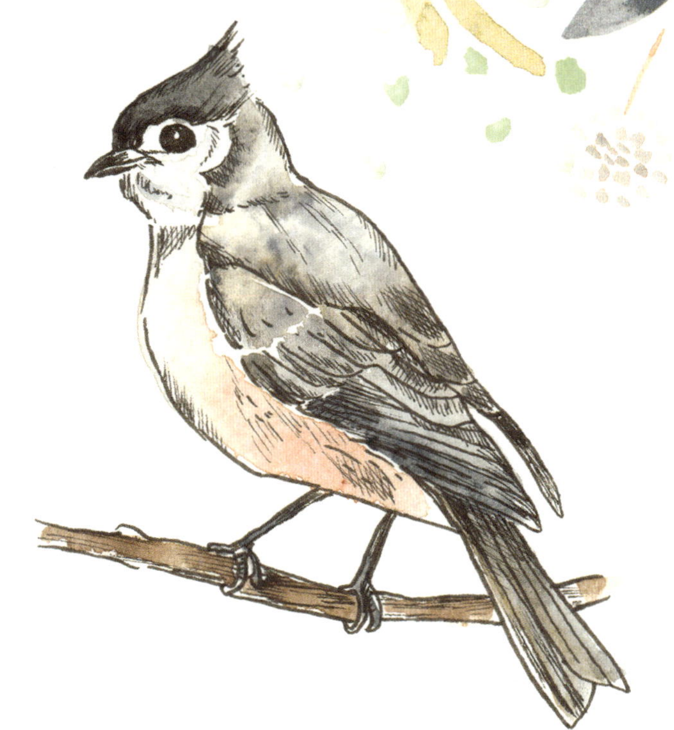

Farben

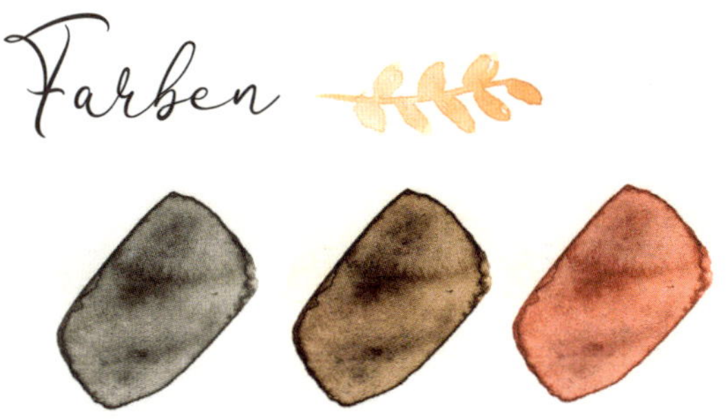

Paynesgrau   Gebrannte Umbra   Indisch Rot

Materialien

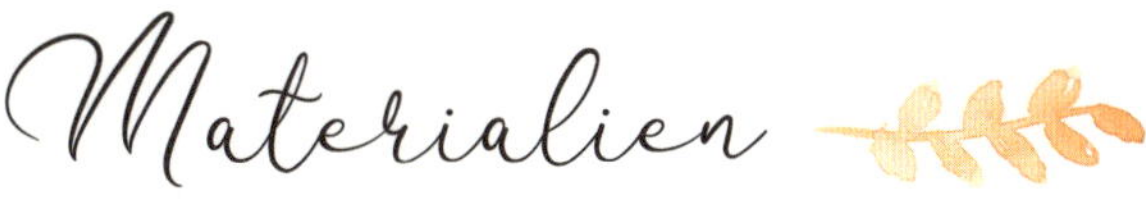

- Schwarze Permanent Tuschestifte (Größen 5 + 1)
- Runder Aquarellpinsel (Größe 6)
- 3 Aquarellfarben

1. Den Umriss des Vogels mit einem schwarzen Permanent Tuschestift Größe 5 zeichnen, dann mit den innen liegenden Details fortfahren.

2. Danach die Details auf dem Flügel hinzufügen und für die Schattierungen zum feineren Tuschestift Größe 1 wechseln. Die Abdunkelungen auf dem Bauch, dem Rücken, dem Flügel, dem Kopf und an der Schnabelspitze anbringen. Malen Sie nun den Augapfel aus und skizzieren Sie die Beine mit den Vogelkrallen und den Ast.

3. Die Flügel, den Schwanz und den gesamten Kopf des Vogels befeuchten, dabei abschnittsweise schmale, unberührte Streifen zwischen einigen Abschnitten lassen. Ein wenig Paynesgrau auf den Kopf streichen, damit er dunkler erscheint. Während die Farbe noch feucht ist, lassen Sie etwas Gebrannte Umbra darauf tropfen. Das erzeugt eine schöne Farbnuance.

4. Den Bauch und das Gesicht des Vogels benetzen. Achten Sie dabei darauf, dass Sie den feuchten Farbauftrag am Körper nicht berühren. Etwas Indisch Rot für den unteren Bauchbereich verdünnen und die Farbe zerfließen lassen. Tragen Sie dann eine sehr leichte Verdünnung von Paynesgrau im Gesicht auf, das Sie nach unten über die Brust auslaufen lassen.

5. Abschließend die Beine mit Krallen und den Ast mit Gebrannte Umbra kolorieren.

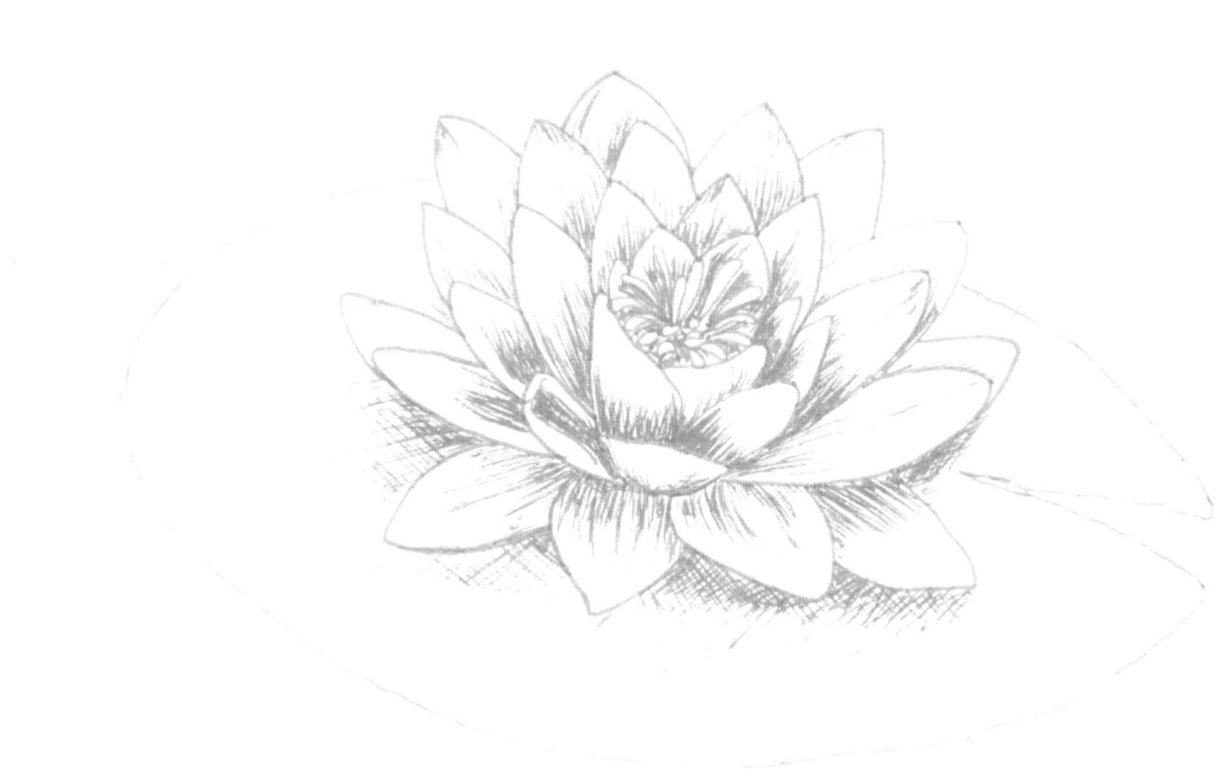

Seerose

Die Seerose mag komplex erscheinen, tatsächlich ist sie aber gar nicht schwer zu malen. Die Skizze entsteht, indem Sie zuerst die äußeren Konturen zeichnen und dann Schraffur für die Schatteneffekte anbringen. Anschließend wird eine leichte Farbverdünnung zur Koloration aufgetragen.

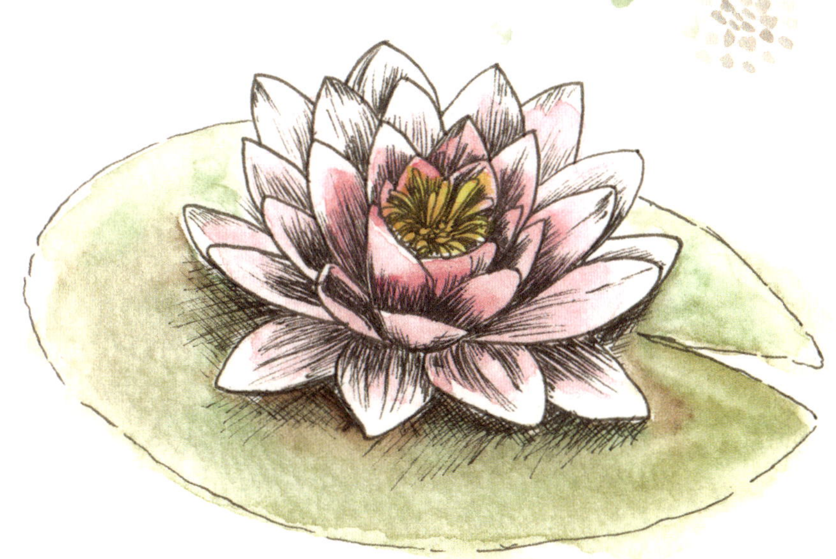

Farben

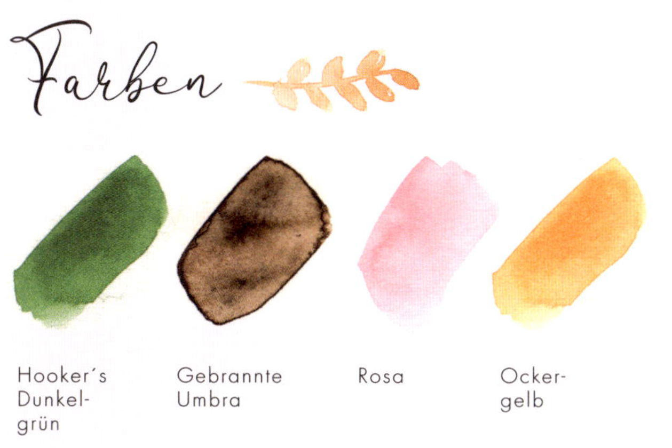

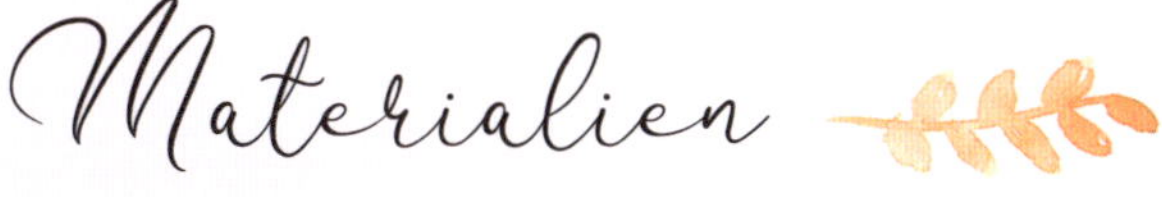

Materialien

- Schwarzer Permanent Tuschestift (Größe 1)
- Runder Aquarellpinsel (Größe 6)
- 4 Aquarellfarben

1. Zunächst die Skizze mit dem schwarzen Tuschestift erstellen. Mit den äußeren Konturen beginnen und dann die Schatteneffekte in feiner Strichführung hinzufügen. Drücken Sie die Stiftspitze dabei nur leicht auf.

2. Sobald die Tusche getrocknet ist, tragen Sie eine leichte Verdünnung Hooker's Dunkelgrün auf das Seerosenblatt und lassen einzelne Tropfen Gebrannte Umbra darauf fallen.

3. Sobald der grüne Farbauftrag getrocknet ist, mit leichter Hand eine Verdünnung von Rosa auf die Blütenblätter streichen. Hier müssen Sie nicht perfekt vorgehen. Es ist in Ordnung, die Konturen stellenweise zu überstreichen oder die innenliegenden Felder nicht vollständig auszufüllen.

4. Sobald die Farbe getrocknet ist, die Mitte etwas abdunkeln, indem Sie eine weitere, helle Schicht Rosa auftragen.

5. Wenn die Farbe auf den Blütenblättern vollständig getrocknet ist, Ockergelb in die Mitte der Blüte geben.

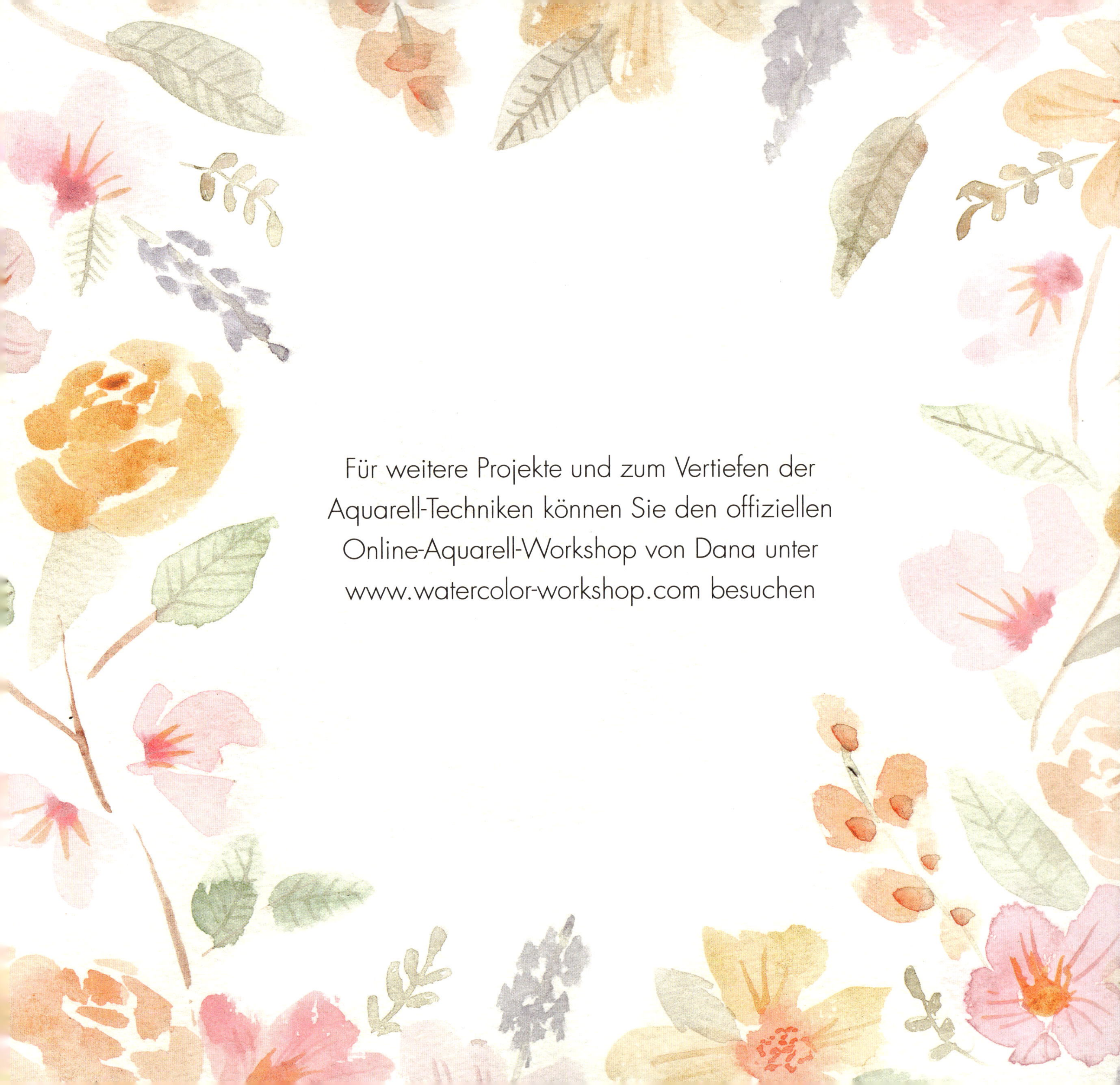

Für weitere Projekte und zum Vertiefen der Aquarell-Techniken können Sie den offiziellen Online-Aquarell-Workshop von Dana unter www.watercolor-workshop.com besuchen

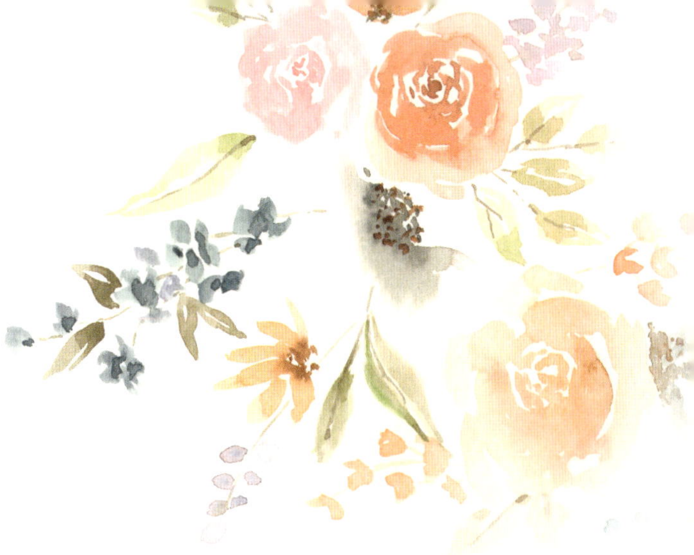

Dana Fuchs ist Künstlerin und Unternehmerin zugleich. Ihre Kunstwerke entstehen in ihrem Studio in ihrer Heimat Ontario in Kanada und werden weltweit im Handel und über das Internet angeboten. 2011 entwickelte sie die „Marke Wonder Forest". Seitdem sind ihre Arbeiten in den Regalen von Target, Urban Outfitters, Wayfair und Bloomingdale's zu finden, um nur einige zu nennen.

Ihre Liebe zur Kreativität zeigt sich in verschiedenen Formen digitaler und traditioneller Kunst, die auf ihrem stetig wachsenden YouTube-Kanal zu sehen ist.

Sie hat eine Vorliebe für Tiere, Inneneinrichtung, Häkeln, Webentwicklung und natürlich für die Aquarellmalerei.

Besuchen Sie Dana auf YouTube (www.youtube.com/thewonderforest) oder Instagram (@wonderforest), um sich mit ihr zu vernetzen und Ihre Kunst mit ihr zu teilen.

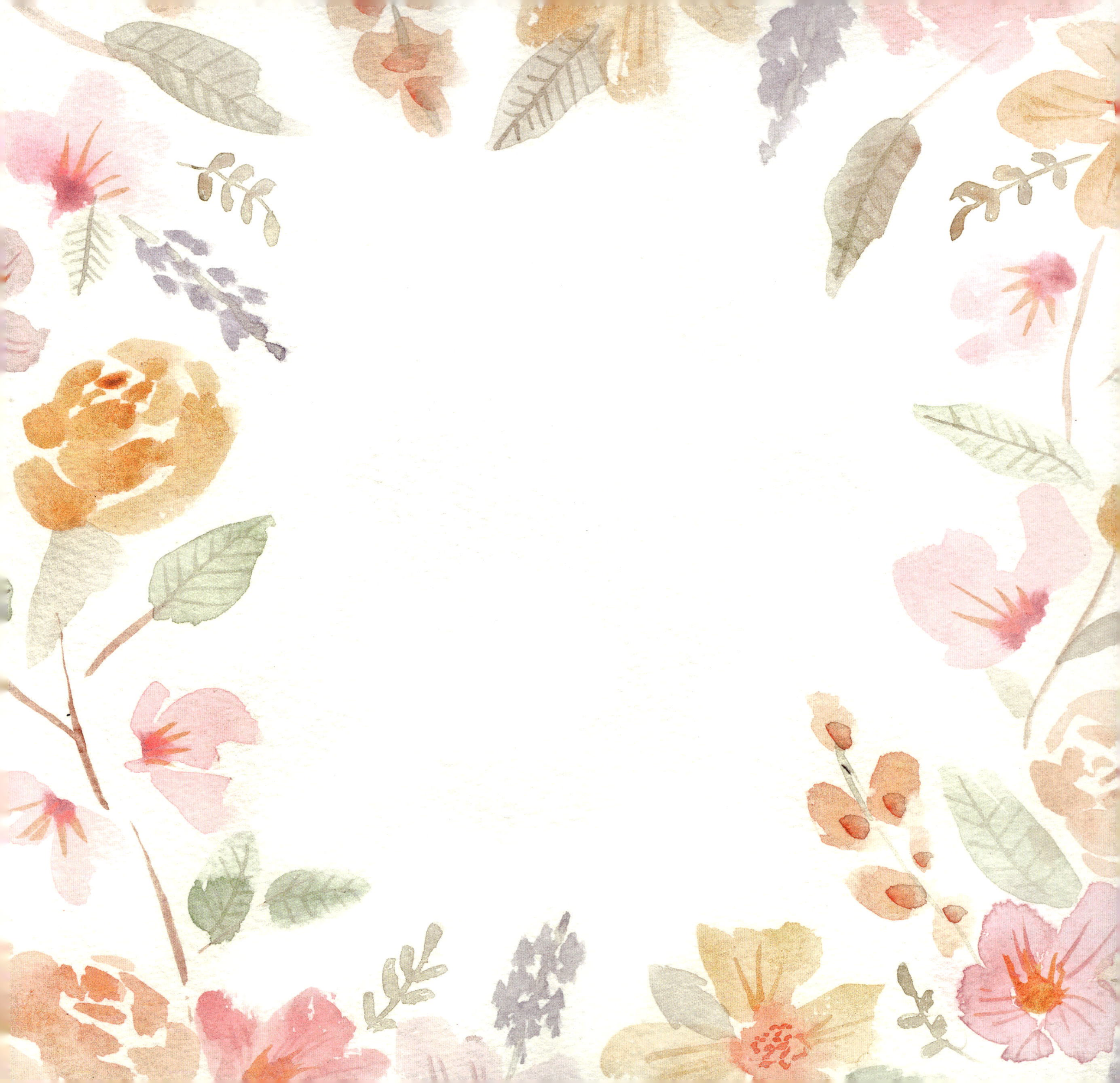

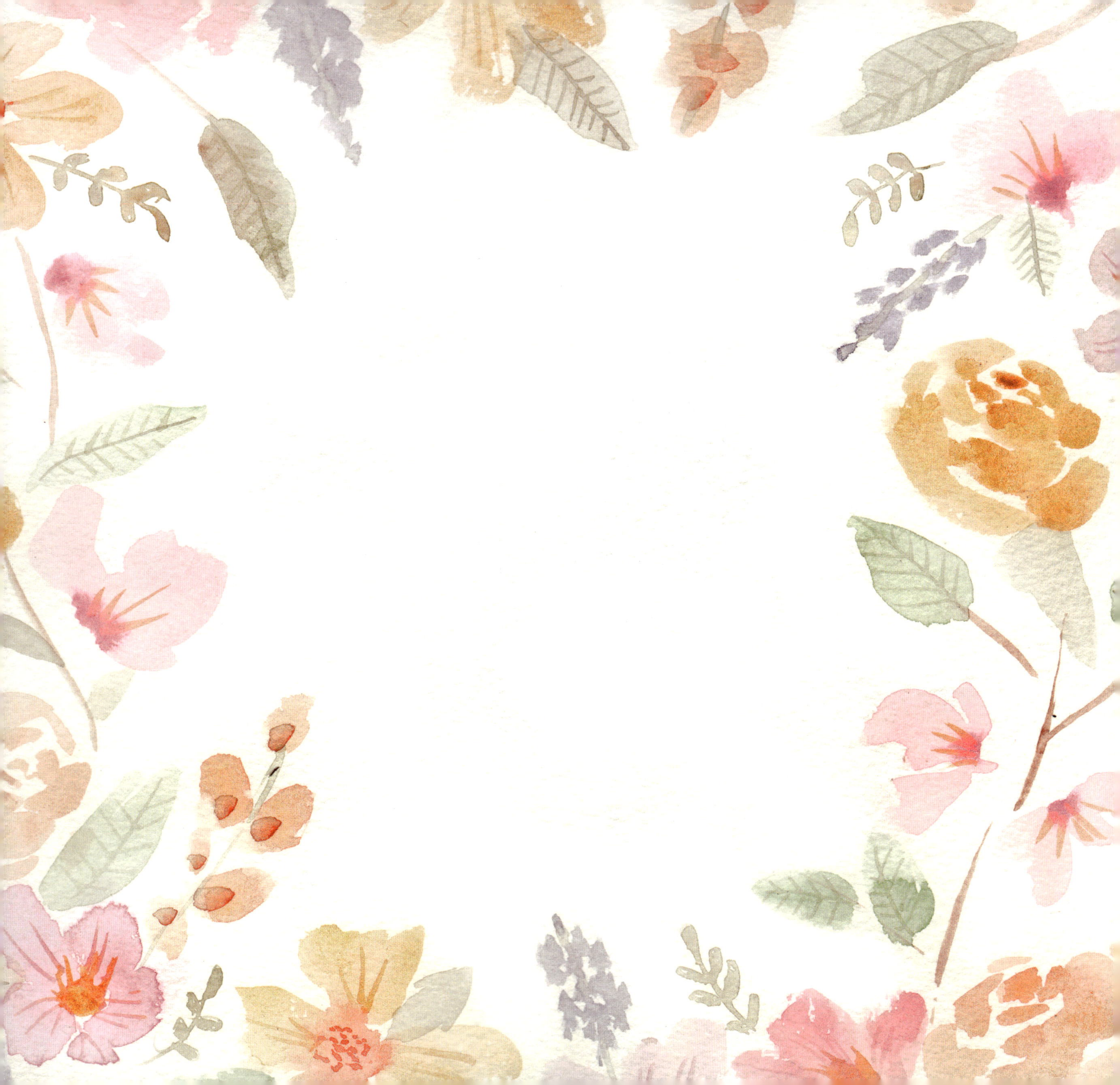

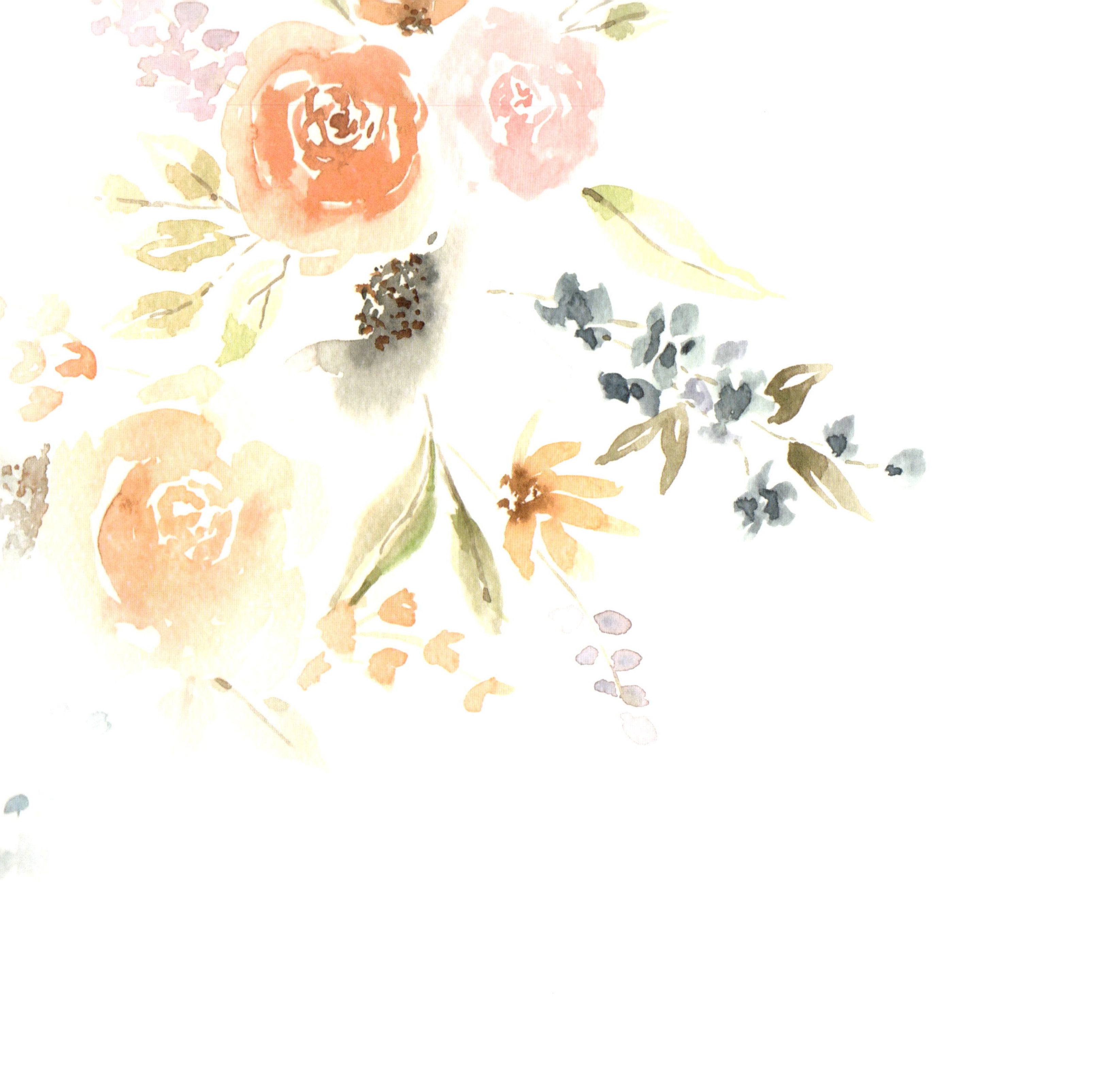